Ernst Freiberger-Stiftung

Ludwig Mies van der Rohe

Paul Kahlfeldt
Michele Caja
Artur Gärtner
Fritz Neumeyer

be.bra wissenschaft

Inhalt

Ernst Freiberger
Ein Denkmal für Ludwig Mies van der Rohe   7

Paul Kahlfeldt
Wahre Baukunst   11

Michele Caja
Vom Haus zur elementaren Gestaltung   19
Die Berliner Jahre von Mies van der Rohe

Artur Gärtner
Von der elementaren Gestaltung zur Konstruktion   53
Die Amerikanischen Jahre von Mies van der Rohe

Fritz Neumeyer
Architektur und Technik   95
Mies van der Rohe und die Kunst der Konstruktion

Dokumentenanhang   113

Biographische Übersicht   139

Werkverzeichnis   145

Zu den Autoren   151

Bildnachweis   153

Ernst Freiberger

**Ein Denkmal für
Ludwig Mies van der Rohe**

Mit Denkmälern auf der »Straße der Erinnerung« und mit wissenschaftlichen Publikationen erinnert die Ernst Freiberger-Stiftung an denkwürdige Menschen. Was sie verbindet, das ist ihre außergewöhnliche Leistung in Wissenschaft und Kunst, Wirtschaft und Politik, aber auch ihre vorbildliche Haltung in der ersten Hälfte des vergangenen Jahrhunderts. Als »Helden ohne Degen« haben sie sich bleibende Verdienste erworben. Unsere Stiftung möchte dazu beitragen, dass neben die historische Sicht auf Deutschlands dunkelste Zeit auch der dankbare Blick auf das »andere Deutschland« tritt. Forscher, Schriftsteller, Künstler, Unternehmer und demokratische Politiker haben nicht nur ihrem Land, sondern der Welt vieles gegeben, das unserer Achtung würdig ist.

Wir haben zuerst Albrecht Haushofer geehrt, der sein Leben im Kampf gegen die NS-Herrschaft verlor. Danach setzten wir dem Vater des Computers Konrad Zuse ein Denkmal. Zur Büste des Visionärs Walther Rathenau, der nach dem Ersten Weltkrieg die verfeindeten europäischen Völker an einen Tisch brachte, gesellte sich das Antlitz Thomas Manns, der in der Welt Deutschlands beste Traditionen verkörperte, auch als er aus der Heimat vertrieben wurde.

Nun ehrt die Stiftung Ludwig Mies van der Rohe, der als Architekt und Architekturdenker der Klassischen Moderne auf der ganzen Welt unvergängliche Spuren hinterlassen hat. Die Idee des »Deutschen Werkbundes«, das »Neue Bauen« und das Bauhaus gehören zum Besten, was die deutsche Kultur im 20. Jahrhundert der Welt geben konnte. Dass sich kompromissloser ästhetischer Anspruch und soziale Verantwortung verbinden ließen, war die Botschaft, die Mies van der Rohe in die Emigration mitnahm. Am »New Bauhaus« in Chicago hat er diesen Geist in der Neuen Welt der USA verbreitet. Mies van der Rohes Gedanke, dass Schönheit und funktionale Moderne vereinbar sind, ist ein lebendiges Vermächtnis an Architektur und Gesellschaft auch unserer Zeit.

Ernst Freiberger

Paul Kahlfeldt

Wahre Baukunst

Innenräume der Neuen Nationalgalerie Berlin.

Das zwanzigste Jahrhundert ist, rückblickend betrachtet, architektonisch als eher ärmlich zu beschreiben, obwohl opulente Bildbände die unübersichtliche Vielfalt der baulichen Formen kategorisieren wollen und umfangreiche kunsthistorische Traktate versuchen, die veränderten Erscheinungsformen – in der Regel nur banalisierende Vereinfachungen – als Entwicklung, Fortschritt oder Moderne darzustellen.

Bereits ab Mitte des 19. Jahrhunderts entsteht als Konsequenz aus den immer dominanter werdenden industriellen Fertigungsmethoden die Tendenz, alle materiellen Äußerungen vorrangig bildhaft, also die Produkte und Bauten nach ihrer optischen Erscheinung zu beurteilen. Die einher gehende Verwissenschaftlichung aller Lebensbereiche führte einerseits zu einer bis heute wirksamen Reduktion auf das Elementare, dessen naturwissenschaftlich begründbare Einfachheit andererseits Anlass und Auslöser vielfältiger Dekorationsmuster bildet. Der Belang- und Bedeutungslosigkeit willkürlich ausgesuchter Stilornamente glaubt man durch pures Weglassen zu entkommen und hofft dadurch, einer vermeintlichen Wahrheit und Ehrlichkeit Ausdruck geben zu können. Der drohenden und leider überall anzutreffenden Banalität lässt sich nur theoretisch durch wortreiches Beiwerk entgehen. Die Gebäude und ihre auf Aufmerksamkeit zielenden

Formen und Oberflächen sind nur Teil eines ideologischen oder wirtschaftlichen Marketings, hübsche Designobjekte oder nutzlose Kunstwerke.

Die von Mies van der Rohe bereits 1923 formulierte programmatische Kampfansage für eine zeitgemäße Architektur, veröffentlicht in der Zeitschrift »G« unter der Überschrift »Bauen«: »Jede ästhetische Spekulation, jede Doktrin und jeden Formalismus lehnen wir ab.«, war Reaktion und Antwort auf die modernistischen Dekorationen seiner Zeit und blieb für das ganze Jahrhundert und darüber hinaus bis zum heutigen Tage als Aufgabe und Zielsetzung gültig.

Diese Worte zählen zu den zentralen Aussagen Mies'schen Denkens und Handelns und trotz der klaren Eindeutigkeit und unverhohlenen Kritik an dem sich abzeichnenden »modernen Stil« wurde und wird seiner Leistung als Architekt unangefochten von allen intellektuellen Lagern Respekt gezollt. Seine Bauten und Texte dienen unterschiedlichsten architektonischen Haltungen als Orientierung und Reflektionsebene, obwohl die überwiegende Realität des Bauens eher eine Unkenntnis und ein Unverständnis gegenüber seinen Auffassungen verdeutlicht. Die Wertschätzung bezieht sich auf seine vermeintliche Schlüsselposition in einer Epoche, in der nach kunsthistorischer Vorstellung durch eine Abstraktion der Erscheinungen und den bewussten Verzicht auf historische Bezüge eine neue Entwicklungsstufe erreicht wurde, deren Ergebnisse mit dem Begriff »Moderne« unumkehrbar und dauerhaft Gültigkeit beanspruchen. Die knappen, aber präzisen Texte von Mies und seine scheinbar einfachen Gebäude und Konstruktionen eignen sich vordergründig auch hervorragend als mögliche Zeugen für diese Auffassung, obwohl bereits früh deren weit darüber hinaus gehende Komplexität und ihre historischen Referenzen beschrieben und gewürdigt wurden.

Die anhaltende und beständige Bedeutung von Mies liegt in seiner architektonischen Haltung und Überzeugung, weniger in den formalen Ergebnissen und baulichen Resultaten. Die Erkenntnis, dass einer gültigen Raumschöpfung immer ein wahrhafter Konstruktionsgedanke zu Grunde liegen muss, reiht ihn in die kleine Gruppe überzeitlich wirksamer Baukünstler ein, die diese zentralen und sich beständig wiederholenden Fragestellungen der Architektur unabhängig von zeitbezogenen Auffassungen, funktionalen Besonderheiten und wirtschaftlichen Zwängen regelmäßig aufs Neue erforschen und untersuchen und dadurch als dauerhaft gültige Prinzipien der Baukunst nachweisen.

Ludwig Mies van der Rohe, Porträt, frühe 30er Jahre.

Mies beim Entwurf von Haus Esters, um 1927/28 im Büro seiner Wohnung Am Karlsbad in Berlin-Tiergarten.

Die Bauten und Projekte stellen jeweils individuelle Resultate und Konkretisierungen des Gedachten in ihrer Zeit dar, sind persönlicher Ausdruck des Grundsätzlichen. Sie bleiben so zugleich Vorbild, Orientierung und Quelle der Inspiration, denn in der Form – der Erscheinung bis hin zu den Details – manifestiert sich als zeitgenössische Oberfläche eine allgemein gültige Idealkonzeption, eine absolute Architektur als ewig wirkende Utopie.

Mies gelingt der Nachweis, dass die überzeitlichen Regeln der Baukunst auch in der Epoche der Technik und der maschinellen Produktion Gültigkeit, Berechtigung und Notwendigkeit haben. Modifizierte Herstellungsmethoden, optimierte Materialeigenschaften oder gesellschaftliche Wandlungen bedingen zwar einen eignen gestalterischen Ausdruck, jedoch bleiben die räumlichen Aufgabenstellungen und die umsetzenden Elemente zu deren Lösung auch nach den vermeintlichen Umbrüchen der Neuzeit universell wirksam.

Viele erhoffen sich die in einer evolutionären Entwicklung üblichen Veränderungen als so elementar, dass eine verzweifelte Suche nach formalen Modernismen als gerechtfertigt erscheint. Bis heute beherrscht ein naiver Glaube an den gestalterischen Einfluss technischer Neuerungen die Debatten und der Einführung von Eisenbahnen, Autos, Mobiltelefonen oder des Internets werden magische Kräfte zum Zeitenumbruch angedichtet. Als Konsequenz wird alles Bisherige und Vorhandene als überkommen und veraltet dargestellt und in jeder aberwitzigen und sinnlosen Baumaterialaufschichtung der Ausdruck einer vermeintlich neuen Zeit vermutet. Der Kurzlebigkeit dieser Formen kommt die Eitelkeit der Beteiligten entgegen, die bereitwillig die unersättliche Gier des Zeitgeistes nach neuen Bildern bedienen. In den inhaltslosen Gesten des flüchtigen Geschmacks, mal getarnt als Glaskiste, oft versteckt hinter Sichtbeton oder überspannt von aufblasbaren Gummikissen, offenbart sich die vorherrschende Dominanz der Oberfläche. Gleichzeitig werden ernsthafte Rezeptionen architektonischer Rationalität und deren tektonische Systematik als traditionell und unzeitgemäß verleumdet. Obwohl genau diese Methodik zu den Wesenszügen Mies'scher Arbeit zählt, werden seine Bauten erstaunlicherweise in gleichem Atemzug als Keimzelle einer a-historischen Moderne betrachtet, deren zitathafte Übernahme isolierter Gestaltungselemente wie der angeblich »fließende« Grundriss oder eine frei im Raum stehende Stütze einen dauerhaften Avantgarde-Status garantieren soll.

Mies beim Bocciaspielen im Tessin, 1934.

Genau hierzu eignet sich sein Werk jedoch nicht. Mies beharrte kontinuierlich auf der Anwendung ausschließlich architektonischer Aspekte und deren historischer Kontinuität. Seine Bezugnahme auf klassische Grundrisslösungen und deren autonome Raumkompositionen beispielsweise in der Renaissance oder im Werk von Karl Friedrich Schinkel ist vielfach nachgewiesen worden. Die tektonischen Gliederungsgesetze der Klassik und der Gotik und deren zeitgemäße Adaption in die strukturellen Ordnungssysteme im Werk von Alfred Messel oder seines Lehrers Peter Behrens finden sich eindeutig und wiederholt auch bei Mies, dem es durch die Anerkennung, Berücksichtigung und transformierende Integration all dieser Grundsätze gelingt, die Baukunst durch die kulturellen Niederungen des zwanzigsten Jahrhunderts aus falsch verstandenen Abstraktionen, den Banalitäten des Zweckrationalismus und formalen Belang- und Hilflosigkeiten zu führen.

Nur sein bedingungsloser Respekt vor den konstruktiven Gesetzmäßigkeiten und ihrem Einfluss auf eine systematische Ordnung ermöglichte ihm als einem der wenigen Architekten der Neuzeit die Schöpfung zeitgemäßen Raums. Das Tragwerk besteht aus regelmäßig gesetzten Stützen, die auch in der Form von Wandscheiben eine eindeutige, primäre Raumstruktur vorzeichnen. Innerhalb dieses modularen Rhythmus bilden sekundäre, verschieden behandelte Füllungen aus Glas, Stein oder Holz je-

Mies van der Rohe, Porträt, Berlin 1933.

weils individuelle Raumlösungen. Ihre Entstehung und Wirkung sind Resultat der Konzentration und Beschränkung auf das Wesentliche. Diese Reduktion bedeutet aber eben nicht, sich mit dem vordergründig Einfachen zufrieden zu geben und dieses als ausreichend anzusehen. Das konstruktive Skelett, zentrales Element jeglichen Bauens, wird erst zur Baukunst, wenn sich das tragende Teil zur Stütze, zur Säule formt, deren Gestaltung aus der Materialentscheidung bestimmt wird. Der tragende Stahl mit seiner linearen Logik und den Fügungsmitteln Schraube, Niete oder Schweißnaht bleibt immer nur »Knochen«, nie ist er roh, ungestaltet oder ohne »Haut« zu sehen. Erst die Verkleidung des Walzprofils mit gekanteten Blechen, ein Ausdruck konstruktiven Gestaltens und gleichzeitig geheimnisvolles Verhüllen des Realen, erhebt die Konstruktion zur Baukunst. Die technische Wahrheit ist banal und unbedeutend, beeinflusst aber die Form. So haben beim Haus Tugendhat erst Maßabweichungen der Stahlträger im Rohbau die gerundete Form der Stützenbleche verursacht, deren konstruktive Befestigung bis heute nicht eindeutig geklärt ist. Ursprünglich plante Mies die gleiche Ausführung wie beim Pavillon von Barcelona.

Die Stütze, die Säule ist der archaische Urtyp des Bauens. Sie ist Voraussetzung jeglicher Raumbildung, sie steht immer auf einem Sockel und trägt immer einen Balken. Was auch immer diese Teile bedeuten und wie sie sich ausdrücken, vom Zelt bis zum Hochhaus, mehr braucht es nicht und nur um diese Themen kreist die Architektur. Das war schon immer so und wird immer so sein. Alles andere ist »Spekulation«, »Doktrin« oder »Formalismus«, um nochmals Mies zu zitieren.

Diese Beständigkeit, die Gültigkeit des Grundsatzes unabhängig von äußeren Einflüssen hat Mies für das zwanzigste Jahrhundert bewiesen. Alle Bauten, alle Projekte und Gedanken kreisen um diese Aufgabe. Bei jedem Gebäude untersucht er mit den gleichen Mitteln immer wieder dieselben Fragen. Zwischen dem ersten Haus und der Neuen Nationalgalerie Berlin zeichnen sich keine qualitativen Entwicklungen ab, es gibt nur unterschiedliche Komplexitäten. Mies integriert unterschiedlichste Bautraditionen bis hin zu fernöstlichen Konstruktionsprinzipien, ohne sie zu kopieren, er übernimmt Raumaspekte anderer Epochen, um sie zu verallgemeinern, er betrachtet die Baukunst als ein offenes System. Er entdeckt und entwickelt, prüft und verwirft; er erarbeitet immer Spezielles, er ist aber auch immer grundsätzlich. In dieser Ausschließlichkeit und Konzentration auf das Thema

»Struktur steht auf einem Sockel und trägt ein Dach« vernachlässigt er, in bewusster Beschränkung auf das Wesen der Architektur, die räumliche Fragestellung einer inneren Verbindung mehrere Ebenen. Bei allen Projekten wirken die Treppen, wenn überhaupt, im Grundriss nur grafisch oder sind wie ausgestanzt, eine räumliche Verknüpfung erreichen sie nicht. Diese Thematik bearbeitet der andere bedeutende Baukünstler dieser Zeit, Le Corbusier.

Mies hat die Tempel des zwanzigsten Jahrhunderts gebaut und ist so Teil des unerschöpflichen Gedächtnisses der Baukunst geworden. Er hat den dauerhaft einsatzfähigen Speicher angemessener Lösungen um wesentliche Bestandteile erweitert, ohne dass dessen Elemente einen beliebigen Einsatz dulden.

Grundrisskonstellationen, Raumschöpfungen und Detaillösungen sind mit seinem Namen fest verbunden. Er hat die archaischen Grundsätze der Architektur für seine Projekte individualisiert und deren vorbildliche Gültigkeit nachgewiesen. Seine Schöpfungen haben das räumliche Vorstellungsvermögen bereichert und sind charakteristische Merkmale ihrer Entstehungszeit geworden. Seine Bauten sind Maßstab architektonischen Handelns, wahre Baukunst, von immer stärker werdender Bedeutung.

Mies van der Rohe, Porträt um 1956.

Michele Caja

Vom Haus zur elementaren Gestaltung

Die Berliner Jahre von Mies van der Rohe

1886–1910
Aachener Jugend und erste
Berliner Jahre

Als jüngstes von fünf Kindern wurde Ludwig Michael Mies am 27. März 1886 in eine bescheidene Familie des Mittelstands in Aachen geboren, eine Stadt, die trotz ihrer langen Geschichte als ehemalige Hauptstadt des Reiches Karl des Großen damals relativ provinziell war. Nach dem ersten Weltkrieg wird er den mütterlichen Nachnamen hinzufügen und Mies van der Rohe werden.

In seiner Aachener Jugend absolvierte Mies eine praktische Ausbildung im väterlichen Steinmetzbetrieb, wo er jene handwerklichen Kenntnisse erwarb, die die Grundlagen seiner späteren elementaren Architekturauffassung bilden sollten. Von 1901 bis 1905 besuchte er die städtische Gewerbeschule, arbeitete gleichzeitig als Lehrling auf örtlichen Baustellen und danach als Bauzeichner in Aachener Architekturbüros.[1] Aus dieser Zeit bleibt ihm später besonders die Architektur der kaiserlichen Krönungskapelle in Aachen, deren einheitlicher großartiger Kuppelraum immer wieder als Vorbild für seine Konzeption eines *universalen Raums* diente, in Erinnerung. Er hinterließ wenige, aber sehr beeindruckende Beschreibungen seiner Geburtstadt, insbesondere des Gewirrs der schmalen Gassen und der mittelalterlichen Häuser um den Münsterplatz: Sie waren »zumeist sehr einfach, aber sehr klar […] waren seit tausend Jahren da und immer noch eindrucksvoll«.[2]

Neunzehnjährig verließ Mies seine Geburtsstadt in Richtung Berlin, die damalige Hauptstadt der deutschen Kunst und Architektur, wo sich nach ihrem Münchener Aufenthalt auch Bruno Paul und Peter Behrens niedergelassen hatten, bei denen er später arbeitete. Bruno Paul, seit 1907 Direktor der Kunstgewerbeschule in Berlin, wandte sich von der symbolistischen Ästhetik der Jugendstilbewegung ab und einer Suche nach klaren und einfacheren Formen zu, deren Vorbilder er im alten Griechenland und Mittelalter fand. Geometrie und reduzierter Neoklassizismus wurden die Stilelemente einer neuen Richtung, der Paul und der frühe Mies folgten.

Mies war in dessen Büro von 1907 bis Anfang 1908 als Zeichner tätig und nahm dank seiner vorherigen praktischen Bauerfahrung schnell eine Sonderstellung ein, die ihm bald seine erste selbständige Arbeit ermöglichte. Aufgrund der großen Wertschätzung, die er sich im Büro Paul erworben hatte, wurde er verantwortlich für den Hausentwurf des Berliner Philosophieprofessors Alois Riehl.

1 Über Mies' Jugendzeit existieren nur spärliche Dokumente und überlieferte Erinnerungen von Bekannten; die meisten aus Gesprächen mit dem Enkel Dirk Lohan 1968.
2 Peter Carter, *Mies van der Rohe at Work*, New York 1974.

Als erstes eigenständiges Werk Mies van der Rohes in der Potsdamer Villenkolonie Neubabelsberg gebaut, erschien *Haus Riehl* schon den Zeitgenossen wegen seiner Beziehung zur Umgebung sowie seiner klassischen Klarheit und Einfachheit als tadelloser Bau.³ Eine Klarheit, die in Kontinuität zur schlichten Form des Biedermeiers den autonomen Aspekt einer neuen Architekturauffassung verkörpert, in der traditionelle Elemente wie das steile Dach, die Gaube und die Traufgesimse als reine geometrische Volumina wiedergegeben werden.

Das Haus als Block / Pavillon

Haus Riehl, Potsdam-Neubabelsberg, 1907.

Ludwig Mies vor Haus Riehl, 1912.

Eine volumetrische Auffassung, bei der die glatten Wandflächen durch eine tragende Pilaster- und Gebälkstruktur in eine Reliefstruktur aufgelöst werden, die sich in ihrer tektonischen Logik nur ganz in der zur Landschaft geöffneten Loggia erschließt. Vom unteren sanft abfallenden Garten gesehen, erscheint das Haus wie ein freistehender, von einer orthogonal gelegenen Sockelmauer getragener Pavillon. Von den zwei Gartenebenen aus zeigt es seine ambivalente Natur eines Blocks und eines Pavillons in einer spannungsvollen Dialektik zwischen Mauerwerk und tektonischer Struktur. Eine lange, glatte Mauer, in der sich asymmetrisch angeordnet nur fünf Öffnungen für die Räume im unteren Gartenbereich befinden, bildet sowohl den architektonischen Sockel des Hauses als auch die stützende Umfassungsmauer der oberen Gartenterrasse.⁴

3 Das Haus wurde schon in damaligen Architekturzeitschriften positiv besprochen. Siehe *Architekt Ludwig Mies: Villa des Prof. Dr. Riehl in Neubabelsberg*, in *Moderne Bauformen*, Nr. 9, 1910, S. 42–48.
4 Siehe dazu Fritz Neumeyer, *Mies van der Rohe. Das kunstlose Wort. Gedanken zur Baukunst*, Berlin 1986, S. 67 f.

Peter Behrens, Krematorium in Hagen, 1907.

Bruno Pauls, Sporthaus des Berliner Lawn Tennis Clubs, um 1908.

Mit dem Thema des freistehenden Pavillons setzte sich Mies auch in seiner Arbeit im Büro von Bruno Paul beim Bau des Clubhauses des Berliner *Lawn Tennis Club* auseinander. Die durchgehende und orthogonal zum Baukörper verlaufende Mauerzunge findet hingegen in der steinernen Podiumswand des Krematoriums von Peter Behrens in Hagen ein Vorbild, dessen etwas anders gegliederte Loggia sich ähnlich zur Landschaft öffnet.

Die Zusammenfassung von Baukörper und Mauer, die die von Schinkel eingeführte volumetrische Erweiterung des Hauses in die Landschaft weiterentwickelte, sollte die späteren Berliner Werke von Mies prägen, vom Entwurf für ein Haus in Backstein bis zur monumentalen Gartenfront des *Hauses Wolf*. Die typologische Erkennbarkeit des Hauses verschwindet hier jedoch zugunsten einer einheitlichen plastischen Komposition.

1910–1918
Schinkel, Behrens und die monumentale Form

Mies' Bewunderung für Schinkel geht auf seine Arbeit bei Peter Behrens von 1908 bis Anfang 1912 zurück, der gerade als künstlerischer Berater der AEG nach Berlin berufen worden war und bald eine Schlüsselfigur der Vorkriegsarchitektur wurde. Während seiner Zeit bei Behrens, bei dem auch Walter Gropius und Le Corbusier[5] arbeiteten, hatte Mies Gelegenheit, die Berliner Werke von Schinkel zu studieren. Schinkels Bauweise verkörperte die Ideale der Berliner Protomoderne mit einer klassizistischen Formensprache sowie einer rationalistischen Denkweise, die ihren Ausdruck in der formal-konstruktiven Klarheit und der geometrisch-volumetrischen Auffassung der Baukörper fand.

5 »I just met Le Corbusier. He left when I joined the office, so I didn't really get to know him, but Gropius was there, as Behrens's assistant.« in: *Mies speaks,* in *Architectural Review*, Dez. 1968, Nr. 862, S. 451.

»Die Architektur als Fortsetzung der Natur in ihrer constructiven Thätigkeit«[6], die Schinkels Landhäuser um Berlin prägten, entsprach jener ideellen Kontinuität zwischen Natur und Architektur, zwischen Menschen und ihrer natürlichen Umgebung, die Mies besonders in seinen ersten Projekten verfolgte.

Diese Beziehung zwischen Natur und Architektur kommt auch in dem Verhältnis von landschaftlicher Lage und Monumentalarchitektur bei seinem ersten Gedächtnisprojekt zum Ausdruck, dem *Bismarck-Denkmal* von 1910, das auf Schinkels Entwurf von 1838 für einen Palast in Orianda zurückgriff. Das Thema des Wettbewerbs – dem ersten, an dem Mies teilnahm – entsprach der wilhelminischen Vorliebe für Denkmäler und war in diesem Fall dem Gründer des deutschen Kaiserreiches gewidmet. Der Standort, die Elisenhöhe, eine imposante Erhebung auf dem westlichen Rheinufer bei Bingen, der jenem von Leo von Klenzes Walhalla bei Regensburg über der Donau ähnelte, besaß eine symbolische Bedeutung als umkämpfte Grenze mit Frankreich.

Der Vorschlag von Mies van der Rohe erinnert sowohl in seiner Form als auch in seiner Beziehung zur Landschaft an Schinkels Entwurf: eine grosse Terrasse ruht auf einem im Abhang verankerten Sockel und wird von einer symmetrischen Komposition von verbundenen Baukörpern verschiedener Höhe umrahmt. Die zwei parallel und orthogonal zum Fluss verlaufenden Pfeilerkolonnaden, die zwei geschlossenen Ecktürme und die abschließende halbrunde überhöhte Exedra mit der Bismarckskulptur bilden die räumliche Konfiguration einer ungedeckten Kathe-

Natur und Architektur

Das Bismarck-Denkmal bei Bingen, Projekt, 1910.

Karl Friedrich Schinkel, Palast in Orianda, Projekt, 1838.

6 Gerd Peschken, *Das Architektonische Lehrbuch*, Berlin 1979, S. 35.

drale.⁷ Die großen Collagen, die später von Mies besonders für urbane Entwürfe benutzt wurden, zeigen deutlich die Beziehung zwischen Landschaft und Architektur, zwischen Natur und Konstruktion, die, wenn auch in nüchternen Formen, beinahe der Monumentalität des Schinkelschen Schlosses für den russischen Zaren auf der Krim gleicht.

Schinkel als Vorbild

Die moderne Rezeption der klassischen Architektur und ihrer großen Form, die Mies besonders bei Behrens aufnahm⁸, spiegelt sich in seinen ersten Berliner Hausprojekten wider, die, ganz von Schinkels Geist durchdrungen, hervorragende Beispiele eines reduzierten Klassizismus sind. Die Rezeption Schinkels' fand damals ihren besten Ausdruck im *Haus Wiegand*, das Behrens 1910 für den Direktor der Antikensammlung der Königlichen Museen in Berlin-Dahlem baute und das ein wiederkehrendes Vorbild für Mies' erste Wohnbauten ist. Seinen durch Asymmetrie aufgelockerten axialen Grundriss wiederholt Mies in gespiegelter Form im *Haus Perls*, dem zweiten Gebäude, das er eigenständig 1911/12 in Berlin-Zehlendorf realisierte. Der U-förmige Grundriss, dem Behrens einen massiven dorischen Peristyl auf der Eingangsseite vorgesetzt hatte, kehrt im Erdgeschoss des *Hauses Perls* wieder, um in dem schlichten zweigeschossigen Bau eine zum Garten hin offene Loggia zu definieren.

Die kubische Gesamtform des Hauses und seine Details, wie der ockerfarbig verputzte Backstein, das schmale Gesims mit Attikamauer, die dreiteilige Loggia und die Einzelfenster mit Klappläden, sind eine direkte Wiederaufnahme des Schinkelschen Pavillons beim Schloss Charlottenburg, während die schmiedeeisernen Geländer jene des Berliner Alten Museums wiederholen. Der freistehende Hausblock stellt sich mit seiner ornamentlosen, von einem flachen Walmdach abgeschlossenen Volumetrie quer zur naheliegenden Strasse und gründet sich symmetrisch auf zwei Achsen. Die auf der Loggia zentrierte Querachse bestimmt die architektonische Gestaltung des Gartens und die innere Raumdisposition der repräsentativen Räume im Erdgeschoss: in der Mitte ein großes rechteckiges Speisezimmer, rechts das Bibliotheks- und Musikzimmer, links das Arbeitszimmer, im ersten Geschoss die Schlafzimmer. Die abstrahierte Art, in der klassische Elemente in der Fassade erscheinen, deutet schon auf den Objektivierungsprozess hin, der die späteren Bauwerke bestimmen sollte: das Gesimsprofil sowie der Sims über den Fenstern der Ostfassade bilden schlichte, geometrische Elemente, die in der

7 Franz Schulze, *Mies van der Rohe. Leben und Werk*, Berlin 1986, S. 58.
8 F. Neumeyer, *Die große Form und der Wille zum Stil*, in op. cit., S. 80 f.

Gesamtvolumetrie wie aufgesetzte Elemente erscheinen, und die seitlichen Wandeinschnitte der Loggia deuten auf Basreliefpilaster hin, die den in der Ecke hervortretenden Pilasterfragmenten entsprechen.

Außer der Kaiserlichen Deutschen Botschaft in St. Petersburg, bei der Mies van der Rohe die Gestaltung der Innenräume und den Bau zwischen 1911 und 1912 leitete, war das zweite Projekt bei Behrens, bei dem er eine führende Rolle spielte, seine Beteiligung am *Haus Kröller-Müller*. Den Auftrag für diese Villa in der Nähe von Den Haag, die eine großartige Kunstsammlung beinhalten sollte, erhielt Peter Behrens im Jahre 1911. Nach den Absichten des Auftraggebers sollte das Haus »am Rand der Dünen« entstehen mit »viel Raum und einer großen gewöhnlichen Wiese, einer langen Fassade, länger als tief«.[9] Im endgültigen Behrenschen Entwurf wurden zwei asymmetrische Flügel, einer für die offiziellen Anlässe, der andere für die Wohnräume und die Kunsthalle, von einer etwas höheren Eingangshalle mit einer vorgesetzten Loggia verbunden. Die kubische Form des Hauses und der abstrakt-klassische Stil, die wieder an Schinkel und das *Haus Wiegand* erinnern, sind Elemente, die auch im Mies'schen Entwurf wiederkehren.

Parallel zur endgültigen Trennung von Behrens Anfang 1912, wurde Mies von der Familie Kröller-Müller eingeladen, eine selbständige Lösung zu erarbeiten, um sie der von Hendrik Petrus Berlage, der auch beauftragt worden war, gegenüber zu stellen. Eine Gelegenheit für Mies, sich mit dem holländischen Meister zu messen, den er zur Zeit der konstruktiven Klarheit seiner Amsterdamer Börse von 1897–1903 als Alternative zu Behrens' großer Form sehr bewunderte.[10] Trotz der scheinbaren Gemeinsamkeiten des Mies'schen Vorschlags mit der Behrenschen Lösung, wie das lang gestreckte Profil mit einem längs rechteckigen zentralen Baukörper und zwei überragenden Flügeln, wird der H-förmige Grundriss bei Mies benutzt, um einen Innenhof zu bilden. Dieser ist das erste Beispiel einer langen Serie von Hofhausstudien, mit denen er vom sogenannten *Haus für den Architekten* (1914) bis zu den reiferen *Hofhausprojekten* der 30er Jahre experimentieren wird.

Der zentrale Baukörper beherbergt im Obergeschoss die Familienräume, im Erdgeschoss einen Ausstellungskorridor, der zu den anderen im S-förmigen Flügel liegenden Kunsthallen führt, zwischen dem fensterlosen Hauptausstellungssaal und dem um

Mies, Behrens und Berlage

Peter Behrens, Haus Wiegand in Berlin-Dahlem, 1912.

9 Helene Kröller-Müller, Brief an H.P. Bremmer, 28. Juni 1910.
10 Siehe *Mies speaks*, S. 451.

VOM HAUS ZUR ELEMENTAREN GESTALTUNG

Haus für den Architekten, Vogelperspektive, 1914.

Das Haus, die Pergola und der Garten

den zweiten kleineren Hof liegenden Gewächshaus. Eine Lösung, die vom berühmten Kritiker Julius Meyer Graefe 1912 sehr unterstützt wurde: »Nichts ist Stückwerk, alle Teile hängen organisch zusammen, entwickeln sich logisch, und das Ganze scheint mir dem Flachland, für das es bestimmt ist, gut angepaßt.«[11] Ein anderer einflussreicher Anhänger Mies van der Rohes, Paul Westheim, lobte diesen Entwurf sehr, »in dem das Wohnen sich nicht nach der Hausanlage zu richten hat, sondern die Hausanlage nach dem Ablauf des Wohnprozesses«, die sich aus ihrer »inneren Wesensbestimmung«, aus dem »spezifisch Architektonischen« entwickelt, das auch Schinkels konstruktive Einheit des Hauses bestimme.[12]

Nach seinem Aufenthalt in Den Haag, wo er die Konkurrenz gegen Berlage verlor, kehrte Mies nach Berlin zurück und heiratete Ada Bruhn, mit der er drei Töchter bekommen sollte. In dieser Zeit befasste er sich mit scheinbar eher traditionellen Wohnhausprojekten. Trotz der formalen Trennung von Behrens blieb *Haus Wiegand* ein wiederkehrender Bezugspunkt für die vor und nach dem Krieg in Berlin gebauten Wohnhäuser. Das *Haus Werner* (1912/13) wiederholt dessen Grundriss, entwickelt ihn aber in ganz anderen Formen. Genau auf dem an das *Haus Perls* angrenzenden Grundstück in Zehlendorf gebaut, zeigt es sich als das vielleicht traditionellste Beispiel aus Mies' Schaffenszeit vor dem Krieg. Noch getreuer als das *Haus Riehl* folgt es den preußischen Vorbildern des 18. Jahrhunderts, jener bürgerlichen Architektur »um 1800«, die von Sparsamkeit und Einfachheit geprägt war. Mit einem pagodenartigen Mansardendach über einem verputzten rechteckigen Mauerkörper steht das Haus im rechten Winkel zum Wirtschaftstrakt und schließt auf der Rückseite mit einer überdachten Pergola, die einen architektonisch gestaltenen Garten umfasst.

Die Beziehung zwischen massivem Baukörper und Gartenpergola ist dem Einfluss von Schinkels Landhäusern in Potsdam wie Charlottenhof und Glienicke und ihrer Wiederaufnahme bei Behrens zuzuschreiben. Fast identisch sind die Grundrisse vom *Haus Werner* und *Haus Wiegand* in der Verbindung von Haus und Garten durch eine Pergola, die sich zum vorspringenden Wirtschaftstrakt öffnet, sowie in der Anordung der Innenräume, die vom Eingang zu einer zentralen Halle führt, von der man alle Wohnräume sowie die Treppe zu den oberen Zimmerbereichen und den unterliegenden Wirtschaftstrakt erreicht.

11 J. Meier-Graefe, Brief an Mies, 13. Juni 1912.
12 P. Westheim, *Mies van der Rohe. Entwicklung eines Architekten*, in: *Das Kunstblatt*, Feb. 1927. Über die Beziehung zwischen Mies und Schinkel siehe: S. Anderson, *The legacy of German Neoclassicism and Biedermeier: Behrens–Tessenow–Loos–Mies*, in *Assemblage*, n. 15, 1991, pp. 63-87; M. Stemshorn, *Mies & Schinkel: das Vorbild Schinkels im Werk Mies van der Rohes*, Tübingen/Berlin 2002.

Haus Werner in Berlin-Zehlendorf, Gartenansicht, 1912/13.

Peter Behrens, Haus Wiegand in Berlin-Dahlem, Gartenansicht, 1912.

Haus Eichstädt in Berlin-Nikolassee, Gartenansicht, 1921–23.

Die Pergola als Erweiterung des Hauses und Umrahmung eines architektonisch gestalteten Gartens, die sich später im *Haus Eichstädt* von 1921/23 wiederholt, entsprach der von Behrens beschriebenen raumbildenden Aufgabe der Gartengestaltung, die er von Hermann Muthesius' Rezeption des englischen Gartens und noch direkter von den Schinkelschen Bauten in Potsdam ableitete. Bei der Aufteilung des Gartens in verschiedene Funktionsbereiche hat der geschlossene Gartenhof als Kernaufgabe, die Einheit von Haus und Garten und ihre geistige Dimension zu bilden: »Die Anlage eines Gartens kann nach künstlerischem Prinzip nur erfolgen, wenn sie gleichzeitig mit dem Entwurf des Hauses vorgenommen wird, wenn bei der Konzeption des Hausgrundrisses die Linien des Gartens in enge Beziehung zu ihm gestellt werden.«[13]

13 P. Behrens, *Der moderne Garten*, Berlin, 1911, S. 9. Dazu siehe auch S. Barry Bergdoll, *Das Wesen des Raums bei Mies van der Rohe*, in T. Riley, B. Bergdoll (Hrsg.), *Mies in Berlin*, München-London-New York 2001, S. 66 f.

Monumentale Hausfassaden

Das letzte und größte Haus Mies van der Rohes vor dem Ende des Ersten Weltkriegs ist das in den Jahren 1915 bis 1917 gebaute *Haus Urbig*, eine Villa für die Familie eines wohlhabenden Bankiers. Es befindet sich auf dem höchsten Punkt eines zum Griebnitzsee abfallenden Geländes in der Nähe vom *Haus Riehl*.

Peter Behrens, Haus Wiegand, Gartenfront, 1912.

Haus Urbig, Ansicht des Eingangs, 1927.

Als kompakter, zweistöckiger Bau mit Walmdach und Dachgauben stellt es sich in zurückgesetzter Lage parallel zur Strasse. Auf der Eingangsseite öffnet sich zum See eine erhöhte Terrasse, die durch breite Treppenanlagen zum Garten übergeht. Die Beziehung zwischen den verschiedenen Niveaus der Terrasse und des Gartens sowie der zum Hauptbaukörper rechtwinklige eingeschossige Flügel des Speisezimmers mit Loggia wiederholen in monumentaler Fassung die Studien für jenes Haus, das Mies für sich und seine Familie auf einem Grundstück in Werder realisieren wollte.

Die Straßenfassade reduziert das klassische System in der rhythmischen Anordnung flacher Kolossalpilaster ohne Gebälk, die sich als gliedernde, nicht tragende Elemente an der kompakten dahinter liegenden Mauerstruktur anlehnen. In Analogie zur Monumentalität der Behrenschen Gartenfront beim *Haus Wiegand*[14] ist die Anwendung der Kolossalordnung als Hauptcharakteristikum der Fassade zu sehen. Diese Ordnung wurde oft in historischen Beispielen angewendet, so bei den Kapitolbauten Michelangelos in Rom oder bei den Seitenfronten des Schinkelschen Berliner Schauspielhauses; sie fasst durch ein einziges System mehrgeschossige Bauten zusammen, um so ihre monumentale Proportion hervorzuheben und ihre scheinbar tragende Struktur in den Vordergrund zu stellen.

In Behrens' und Mies' Bauten materialisiert sie auch den neugeborenen Ausdruck einer modernistischen Antikerezeption,

14 F. Neumeyer, *Zwischen Monumentalkunst und Moderne – Architekturgeschichte eines Wohnhauses,* in W. Hoepfner, F. N., *Das Haus Wiegand von Peter Behrens in Berlin-Dahlem,* Mainz 1979.

welche »die hellenische Kraft [...] in unseren Formen tragen« sollte, in dem der monumentale Anspruch die reduzierte Fassung klassischer Elemente in abstrahierten Formen anwendet, um eine neue »zeitgemäße«, repräsentative Architektur zu finden.[15]

Um den tektonischen Charakter des Hauses zu betonen sowie die massive Tiefe der hinterliegenden Mauer auszudrücken, werden die Fenster von breiten Schattenfugen umrahmt, als ob sie in Wandnischen eingesetzt wären. Die weißen Travertinrahmen im Gegensatz zum rosaroten Putz des Hauses sowie die antikisierenden Ornamente über den Erdgeschossfenstern verstärken noch den Eindruck von in die Wand eingesetzten plastischen Elementen.

Während der kritischen ökonomisch-sozialen Umbrüche der Nachkriegsperiode und der kreativen Vitalität der expressionistischen Avantgarde, die aufgrund einer utopisch-linksorientierten politischen Einstellung zu Gruppierungen wie dem *Arbeitsrat für Kunst* und der *Novembergruppe* führten, blieb Mies van der Rohe ziemlich isoliert und trat bis 1922 in der Berliner Architekturdebatte kaum in Erscheinung, weder mit Publikationen noch mit öffentlichen Aussagen. Die wenigen Zeugnisse aus dieser Periode zeigen eine zwiegespaltene Identität, die durch traditionelle Hausbauten in Kontinuität zur Vorkriegszeit und radikale Projekte bis zur Mitte der 20er Jahre geprägt ist. Durch Alois Riehl und die wohlhabende Familie seiner Frau in Kontakt mit den gehobenen Berliner Kreisen, erging es Mies besser als vielen anderen Kollegen. Dem ersten nach dem Krieg gebauten *Haus Eichstädt* folgten eine Reihe von anderen Häusern, für die er die Aufträge aus dem Bekanntenkreis der Familie Urbig bekam und die man als Varianten des schon im *Haus Urbig* erprobten Typus des freistehenden Einfamilienhauses mit niedrigeren Anbauten sehen kann.

1921/22 war ein wichtiges Jahr in seinem Leben, da er sich ganz seinem Beruf unter dem neuen Namen Mies van der Rohe widmete und sich endgültig von seiner Frau und seinen Töchtern trennte. Im selben Jahr begann seine Freundschaft mit Hans Richter, mit dem er sich der *Novembergruppe* anschloss, während er gleichzeitig in anderen Verbänden wie dem *Bund Deutscher Architekten* und dem *Deutschen Werkbund* aktiv wurde. Parallel zu diesem professionellen Engagement trat er mit einer Reihe visionärer Projekte an die Öffentlichkeit, die gleichzeitig als Zeugnisse einer neuen elementaristischen Richtung und Vorzei-

1919–1925
Tradition und elementare Gestaltung

Mies van der Rohe und Le Corbusier am Weissenhof, Stuttgart, 1926.

15 J. Meier-Graefe, *Peter Behrens – Düsseldorf*, in *Dekorative Kunst*, 8, 1905, S. 389.

chen seiner zukünftigen Entwicklung als Leitfigur der Moderne zu sehen sind. Ein Elementarismus, den er zusammen mit Hans Richter, El Lissitzky und Van Doesburg durch die Publikation der Zeitschrift *G* prägte, gegen den utopistischen Subjektivismus der Expressionisten und für die Rückkehr zu einer neuen Form von Sachlichkeit. Mies' Aussagen, wie »Jede ästhetische Spekulation, jede Doktrin und jeden Formalismus lehnen wir ab. Baukunst ist raumgefaßter Zeitwille«[16], zeugen von seiner Auseinandersetzung mit theoretischen Fragen über Zeitgeist, die er gegen das Behrensche symbolistische Kunstwollen und für einen objektiveren Realismus und eine konstruktive Wahrheit führte.

Traditionelle Blockhäuser mit Anbauten

Neben diesem neuen Engagement führte Mies seine Wohnaufträge in dem neuen Atelier am Karlsbad in Berlin weiter, das er mit dem schwäbischen Architekten Hugo Häring teilte und das auch als Sitz der *Ring*-Vereinigung diente. Die in kurzer Abfolge zwischen 1921 und 1926 entstandenen Häuser *Kempner* in Berlin-Charlottenburg, *Feldmann* in Berlin-Grunewald und *Mosler* in Potsdam-Neubabelsberg bilden, nach dem *Haus Urbig*, typologische Variationen des zweigeschossigen rechteckigen Einfamilienhauses mit steilem Walmdach, Dachgauben und niedrigeren Anbauten für die Wirtschaftsräume.[17] Mit Ausnahme des *Hauses Kempner* werden sie durch symmetrische Vorderfassaden, einen mittig gelegenen Eingang und eine reguläre Fensteranordnung charakterisiert. Diese Fassade beherbergt beim *Haus Feldmann* eine langgestreckte Halle mit Haupt- und Nebentreppe, aus der man die symmetrische Anordnung der repräsentativen Räume erreicht, die sich auf der Rückseite öffnen. Die Verbindung von Wohn-, Herren- und Speisezimmer bildet sich auf einer gemeinsamen Zentralachse, die links zu einer geschlossenen Veranda und rechts zum Küchenbereich erweitert wird.

Eine analog langgestreckte, aber anders gelegene Halle findet man im *Haus Kempner*. Durch einen erhöhten Eingang von der Seitenfront zugänglich, stellt sie sich hier als Verbindungselement zwischen zwei parallelen Innenkörpern dar, in denen sich die aneinandergereihten Musik-, Wohn- und Speisezimmer auf die Hauptfassade, die Haupt- und Diensttreppe und die Wirtschaftsräume sich auf den hinteren Wirtschaftshof öffnen. Am Ende der Halle befindet sich eine Veranda, die einen niedrigeren Vorderanbau bildet und in eine erhöhte Terrasse mündet, die durch eine achsial gelegene Treppe zur Vorderseite führt. Es besteht eine Beziehung zwischen repräsentativen Räumen und

16 L. Mies v. d. Rohe, *Bürohaus*, in: *G*, Nr. 1, Juli 1923, S. 3.
17 Wegen ihrer starken Beziehung zur Tradition sind sie von Mies selbst und der derzeitigen Kritik vernachlässigt und erst später als eigenständige Objekte analysiert worden, z. B. in S. Honey, *Mies in Germany*, in *Architectural Monographs*, Nr. 11, 1986.

Haus Mosler in Potsdam-Neubabelsberg, 1924–26.

Haus Kempner in Berlin-Charlottenburg, 1921/22.

Terrasse wie im *Haus Urbig*, wenn auch in einer zur Strasse hin gespiegelten Variante, entlang derer die Terrasse gleichzeitig den Sockel des daraufstehenden, zurückgesetzten Hauses bildet.

Die Backsteinkonstruktion der Häuser *Kempner* und *Mosler* zeugt auf der einen Seite von der durch Berlage beeinflussten logisch-konstruktiven Anwendung der Materialien und auf der anderen Seite von der Suche einer inneren Struktur der Mauerarchitektur, die Mies oft bei späteren Projekten benutzen wird. In dieser Struktur werden alle klassizistischen Ornamente und Gliederungselemente beseitigt zugunsten einer stereometrischen Definiton der einzelnen Baumassen und ihrer volumetrischen Komposition.

Als Manifeste der Wendung Mies van der Rohes zum *Elementarismus* und zum *Neuen Bauen* werden Mies' fünf Idealentwürfe in der ersten Hälfte der 20er Jahre angesehen: drei urbane Bürohausprojekte – die zwei gläsernen Hochhäuser von 1921/22 und das Bürohaus in Eisenbeton von 1922/23 – sowie die beiden Landhäuser in Beton und Backstein, die sich durch die Art der benutzten Materialien, aus der die innere Raumteilung und die äußere volumetrische Komposition abgeleitet werden, unter-

Prototypen neuer Wohnhäuser

VOM HAUS ZUR ELEMENTAREN GESTALTUNG

Landhaus in Eisenbeton, Projekt, Ansicht des Modells, 1923.

Landhaus in Eisenbeton, Ansicht von der Gartenseite.

scheiden. Ungeachtet ihrer Nutzungsbestimmung basieren die ungefähr zeitgleichen Projekte *in Eisenbeton*, die zum ersten Mal auf der Großen Berliner Kunstausstellung 1923 gezeigt wurden, auf demselben Prinzip einer Eisenbetonschale mit tragenden Unterzügen und einer weiten freischwebenden Deckenauskragung, die Mies so definierte: »Eisenbetonbauten sind ihrem Wesen nach Skelettbauten. Keine Teigwaren noch Panzertürme. Bei tragender Binderkonstruktion eine nichttragende Wand. Also Haut- und Knochenarchitektur.«[18]

Im Gegensatz zur blockartigen Struktur des Bürohauses gliedert sich das Landhaus in einzelne, winkelförmig in den Außenraum ausgreifende Flügel, die sich um einen erhöhten Hof gruppieren.[19] Das planimetrische Schema des Hauses in Eisenbeton entwickelt den C-förmigen Grundriss der früheren Hofhausprojekte weiter, bei dem zwei senkrecht gelegene Flügel an den Eingangsbereich und die große Wohnhalle angeschlossen werden, die das Haus mit der umliegenden Landschaft verbinden. Diese zentripetale Anordnung kehrt in anderer Form im Landhaus in Backstein wieder und erinnert an die verschachtelten Skulpturen der Konstruktivisten, an die figurativen Kompositionen des durch Van Doesburg kreierten De Stijl sowie an die Grundrisse der Wrights'schen Villen.

Als zweiter Prototyp eines modernen Wohnhauses ist das *Haus in Backstein* zu sehen, das zumindest in der Anwendung der Materialien mehr der holländischen Architektur und der Berliner

18 L. Mies v. d. Rohe, *Bürohaus*, cit.
19 Wolf Tegethoff analysiert insbesondere die analogen und abweichenden Elemente beider Entwürfe in ibid, *Mies van der Rohe. Die Villen und Landhausprojekte*, Bonn 1981, S. 17 f.

Tradition verpflichtet ist, mit denen Mies in seinen ersten Landhäusern experimentiert hatte. Die direkte Beziehung zu figurativen Kompositionen von Van Doesburg und Mondrian sowie zu zeitgleichen Projekten von Oud und Berlage bestimmt das dynamische Gebilde, das man sowohl im offenen Grundriss als auch in der räumlichen Innenanordnung wiederfindet, wo die Komposition freistehender Wände und Decken sowohl die Geschlossenheit der einzelnen Räume als auch die kompakte Volumetrie des Hauses bricht. Diese volumetrische Komposition von ineinandergreifenden Wänden und übergehenden Raumzonen führen in den verschiedenen Grundriss-Varianten die Hausgrenzen und den Gartenbereich scheinbar ins Unendliche fort. Die verschiedenen Grundriss-Varianten, von denen zwei als spätere Zeichnungen in Mies' Atelier der sechziger Jahre entstanden sind, werden kanonisch als Manifest einer utopischen Architektur gelesen, deren kreuzförmige, vom eigentlichen Baukörper ausstrahlende Mauerzüge, vom Bildrand überschnitten, anscheinend ins Unendliche fortgesetzt werden. Die tieferen Analysen von Tegethoff[20] öffnen dagegen die Hypothese einer möglichen konkreten Lage des Entwurfs in Neubabelsberg und zeigen die enge Beziehung mit der Grundrissanlage sowie der Grundstücksausrichtung des Hauses in Eisenbeton, wodurch man die zwei Projekte vermutlich als Varianten für dasselbe Grundstück lesen kann.

Prototypen neuer Bürohäuser

Von den drei ideellen urbanen Bürohausprojekten hatte eigentlich nur die erste Variante des *Hochhauses an der Friedrichstrasse* in Berlin von 1921 einen konkreten Praxisbezug als Beitrag zu einem öffentlichen Wettbewerb, der sich mit der schon vor dem Krieg debattierten Errichtung großer Gebäude in der Innenstadt auseinandersetzte.[21] Außer der Idee, das Gebäude als einen ganz mit Glas verkleideten Baukörper zu konzipieren, lag seine Eigentümlichkeit sowohl in der geographischen Lage – ein dreieckiges Areal zwischen Friedrichstrasse, S-Bahnhof und Spree – als auch in der Tatsache, dass dieses gänzlich bebaut werden sollte. Trotz einiger positiver Reaktionen auf das Projekt, Max Berg lobte seine »höchste Einfachheit« und »seinen großen Zug«, bekam es kein offizielles Echo, vermutlich auch wegen Mies van der Rohes Missachtung der Ausschreibungsvorschriften. Dieser Entwurf wurde von Mies eher als Manifest denn als ein realisierbares Projekt verstanden, als Versuch, »das Formproblem des Hochhauses zu meistern«.[22]

20 Ebd., S. 37 f.
21 Über die *Dritte Dimension* von Berlin diskutierten in einer von der Berliner Morgenpost 1912 organisierten Konferenz u. a. Werner Hegemann, Peter Behrens und Walter Rathenau.
22 M. Berg, *Der Berliner Hochhauswettbewerb*, in *Die Bauwelt*, 1922, Nr. 13, S. 123–128 Ibid., *Die formale Auffassung des Hochhausgedankes*, in *Die Bauwelt*, 1922, Nr. 13, S. 359–363; Nr. 25, S. 434.

Hochhaus an der Friedrichstraße, perspektivische Ansicht von Süden.

Die prismatische Form des Grundrisses ergibt sich aus der Anpassung an die dreieckige Form des zur Verfügung stehenden Bauplatzes, mit leicht gegeneinander gewinkelten Frontflächen, »um der Gefahr der toten Wirkung« großer Glasflächen zu entgehen.[23] Die sich dadurch ergebenden drei spitzwinkligen, zwanzig Geschosse hohen Türme ohne Rücksprünge, die jeweils auf den Ecken des dreieckigen Areals stehen, werden von einem gemeinsamen runden Versorgungsbereich mit Aufzügen, Treppen und Nebenbereichen verbunden. Ohne den typischen schachtartigen Innenhof der amerikanischen Hochhäuser orientiert sich der gesamte Baukörper nach außen, mit durchgehenden vertikalen Einschnitten, die seine urbane Auswirkung sehr stark definieren, wie sie in den vielen Versionen seiner eindrucksvollen Montagen wiedergeben wird. Der visuelle Eindruck und die Abstraktheit der Formen verleihen dem Entwurf eine außerordentliche Monumentalität, die trotz ihrer expressionistischen Akzente keine historischen Bezüge aufweist – mit Ausnahme vielleicht einiger Beispiele der Schule von Chicago und dem *Flatiron Building* in Manhattan.[24]

Das zweite Projekt ist eine kurz danach entwickelte krummlinige Variante, als Ergebnis vieler Versuche an dem Glasmodell, wo »die Belichtung des Gebäudeinneren, die Wirkung der Baumasse im Straßenbild und zuletzt das Spiel der erstrebten Lichtreflexe« für die Kurven ausschlaggebend war.[25] Beide Hochhausentwürfe sind freistehende, plastisch durchgebildete Baukörper mit vorgehängten Glasfassaden, hinter denen sich die tragenden Skelette befinden, »jener konstruktive Gedanke«, der für Mies so klar in den im Bau befindlichen Wolkenkratzern zu sehen war.

23 L. Mies v. d. Rohe, *Hochhäuser*, in *Frühlicht*, (1) 1922, H.4, S. 122 ff.
24 Dazu F. Neumeyer, *Manhattan Transfer: The New York Myth and Berlin Architecture in the Context of Ludwig Hilberseimer's High-Rise City*, in J. P. Kleihues e C. Ratgeber (Hrsg.), *Berlin-New York. Essays on Architecture and Art from 1870 to the Present*, New York 1993, S. 319 und ibid. (Hrsg.) *Ludwig Mies van der Rohe. Hochhaus am Bahnhof Friedrichstrasse*, Mies-van-der-Rohe-Symposium, Neue Nationalgalerie Berlin, Tübingen/Berlin 1993 mit Beiträgen, u. a. von R. Koolhaas, H. Kollhoff, O. M. Ungers, V. M. Lampugnani und J. P. Kleihues.
25 L. Mies v. d. Rohe, *Hochhäuser*, cit.

Bürohaus in Eisenbeton, Projekt, 1923.

Im Gegensatz zur vertikalen Entwicklung der zwei Hochhausentwürfe ist das *Bürohaus in Eisenbeton* von 1922/23 durch seine blockartige Horizontalität gekennzeichnet. Der Entwurf erklärt sich nach der in der Zeitschrift *G* 1923 veröffentlichten Aussage von Mies van der Rohe als Ergebnis rein rationeller Berechnungen, als Ausdruck einer neuen Sachlichkeit, die auf elementarer Ordnung und Gesetzmäßigkeit basiere. Nach dem Motto: »Wir kennen keine Form, sondern nur Bauprobleme. Die Form ist nicht das Ziel, sondern das Resultat unserer Arbeit«, versuchte Mies hier, »die Bauerei von dem ästhetischen Spekulantentum zu befreien«[26], um wieder zum Bauen zurückzukehren. Eine dabei besonders hervorzuhebende bauliche Lösung, die aus den potentiellen Möglichkeiten der neuen Eisenbetonstruktur abgeleitet wurde, sind insbesondere die auskragenden Deckenplatten, der nichttragende Charakter der Wände und der kaum bemerkbare Vorsprung jedes Stockwerks über das darunter liegende als Ausdruck einer neuen »Haut- und Knochenarchitektur«. Eine Architektur, die aber nicht als einfaches Ingenieurwerk zu verstehen war, da ihre Mächtigkeit zu historischen Beispielen zurückführte und »ein wenig vom Palazzo Pitti angeregt war«.[27]

26 L. Mies v. d. Rohe, *Bauen*, in: *G*, Nr. 2, Sept. 1923, S. 1.
27 Peter Carter, op. cit., S. 18.

Der internationale Ruhm und Erfolg Mies van der Rohes während der berauschenden Jahre der Weimarer Republik ist insbesondere mit dem Entwurf der *Weissenhofsiedlung* in Stuttgart verbunden. Als symbolisches Hauptwerk der *Neuen Architektur* und zugleich als Ausdruck einer »undeutschen Kultur« wurde die Stuttgarter Siedlung das bevorzugte Objekt jenes Kreuzzugs gegen die *Moderne*, der schon am Ende der 20er Jahre – auch in Zusammenhang mit den ersten Auswirkungen des heraufziehenden Nationalsozialismus sowie der Wendung der Stuttgarter Schule zur traditionalistischen Architektur – sehr verbreitet war. Auch deswegen und trotz ihrer Allianz mit der sozialdemokratischen Regierung sollte die *Neue Architektur* nicht so viel bauen, wie sie zunächst glaubte. Mies van der Rohe erarbeitete in jener Zeit eine lange Liste von nicht realisierten Entwürfen und war hauptsächlich mit Ausstellungs- und Designobjekten beschäftigt, die er in enger Zusammenarbeit mit Lilli Reich entwickelte.

**1925–1930
Die goldenen Jahre der Weimarer Republik**

Die Gesamtplanung der *Weissenhofsiedlung*, die 1927 als vom *Deutschen Werkbund* gefördertes, demonstratives Residenzviertel in Stuttgart entstand, und die künstlerische Leitung der zeitgleichen Werkbund-Ausstellung *Die Wohnung* stellen die bedeu-

Die Wohnung und die Siedlung

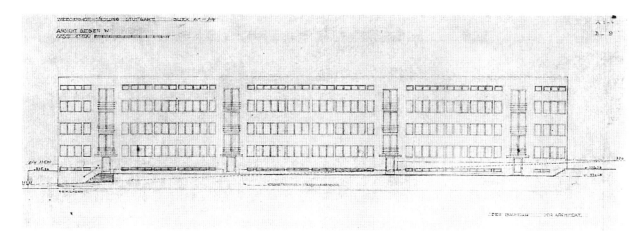

Weissenhofsiedlung, Ansicht eines Wohnblock von der Westseite, 1926/27.

tendste berufliche Leistung Mies van der Rohes nach den fünf Idealprojekten dar. Als künstlerischer Leiter des Unternehmens bildete Mies eine internationale Gruppe aus namhaften Architekten, die individuelle Beiträge innerhalb seines Gesamtplans bearbeiteten.

Die neue Siedlung, auf einem Hügel oberhalb von Stuttgart gelegen, unterschied sich von den zeitgenössischen Wohnsiedlungen in Deutschland wegen des großen Wertes, der dabei auf neue Konstruktionsverfahren und typologisches Experimentieren gelegt wurde, aber auch wegen der besonderen Anordnung der einzelnen Wohnblöcke in enger Beziehung zur topographischen Lage. Näher an der expressionistischen Idee von Bruno Tauts *Stadtkrone* und den kompositiven Prinzipien des Konstruktivismus enwickelte sie sich als eine Gruppe von miteinander volumetrisch verbundenen kubischen Baukörpern, die in unregelmäßigen treppenförmigen Terrassen bis zu einer höheren, von Wohnbauten eingefassten Platzanlage angeordnet waren. Die Einheitlichkeit der Siedlung durch die obligatorische Anwendung von Flachdächern und weißen Putzfassaden sollte ihr eine symbolische Bedeutung verleihen, als eine in sich zusammenhängende Bebauung wie es auch die *Mathildenhöhe* in Darmstadt oder die *Künstlerkolonie* in Hagen sind.

Das von Mies' selbst gebaute Wohnhaus ist von besonderem Interesse, weil er hier zum ersten Mal eine Stahlskelettkonstruktion benutzte, die es ermöglichte, leichtere Wände, große Fensterflächen und gleichzeitig flexible Wohnungsgrundrisse zu bauen. Bei dieser Gelegenheit traf Mies zum ersten Mal Lilly Reich, mit

Weissenhofsiedlung in Stuttgart, um 1927.

der er eine lange berufliche und persönliche Beziehung begann. Zusammen entwarfen sie den *Glasraum* im Rahmen der Industrie- und Gewerbeschau in den städtischen Ausstellungshallen in Stuttgart. Der Raum, von freistehenden Glaswänden und abgehängten Decken aus Stoff in drei Bereiche geteilt – Wohn-, Speise- und Arbeitsraum –, stellte die abstrakte Formulierung einer wirklichen Wohnung dar, die Mies kurz danach im *Barcelona Pavillon* und in *Haus Tugendhat* realisieren sollte.

Zur selben Zeit, als Mies in Stuttgart tätig war, baute er in Berlin eine relativ kleine *Wohnanlage an der Afrikanischen Strasse* in Wedding, die in ihrem urbanen Charakter als eine ziemlich isolierte Ausnahme in Bezug auf die üblichen Schemata der Zeilenbauweise der deutschen Siedlungspolitik der 20er Jahre zu sehen ist.

Aus der Wiederholung dreier fast gleicher U-förmiger Baublöcke, die langgestreckte Höfe bilden, konstruierte er einen einheitlichen Strassenteil, der durch die rhythmische Anordnung der dreigeschossigen Hauptkörper und der niedrigeren Seitenflügel sowie durch die wiederkehrende Einheitlichkeit der auf einem niedrigen Backsteinsockel ruhenden Putzfassaden gekennzeichnet wurde. Sowohl die elementare Komposition der kubischen Volumina und der halbeingeklemmten Balkone als auch die schlichte Definition der Fassadendetails zeugt von einer Redu-

Wohnhäuser an der Afrikanischen Straße in Berlin-Wedding, 1925–27.

zierung, die jedoch nicht in rein rationalistisch- funktionalistischem Sinn zu verstehen ist:

»Das Problem der Rationalisierung und Typisierung ist nur ein Teilproblem, Rationalisierung und Typisierung sind nur ein Mittel, dürfen niemals Ziel sein. Das Problem der neuen Wohnung ist im Grunde ein geistiges Problem und der Kampf um die Neue Wohnung nur ein Glied in dem großen Kampf um neue Lebensformen.«[28]

Das Haus als volumetrische Komposition

Zwischen den vielen unrealisierten Projekten, die Mies van der Rohe Mitte der 20er Jahre erarbeitete, gibt es eine Reihe von Landhausentwürfen, die mit dem *Landhaus in Backstein* durch die volumetrische Komposition der einzelnen Bauteile und ihre Gruppierung um einen leeren Außenraum – Garten, Hof oder Terrasse – eine Reihe bilden. Es ist eine besondere Art der Gruppierung, die eigenartige Anordungen eingeschachtelter Innenräume und L-förmiger Anlagen bildet und in der die stereometrisch aufgefassten Baukörper und die freistehenden Wände in einer plastischen Komposition verschmolzen werden.

Haus Dexel und *Haus Eliat,* beide 1925 entworfen, sowie *Haus Wolf*, 1925–1927 in Gubin gebaut, entwickeln sich als skulpturale Kompositionen, in denen die einzelnen raumbildenden Elemente wie die langgestreckten horizontalen Umfassungs- und Einfriedigungsmauern, die vorkragenden Deckenplatten und die

28 L. Mies v. d. Rohe, *Vorwort zum amtlichen Katalog der Stuttgarter Werkbundausstellung ›Die Wohnung‹*, Stuttgart, 23. Juli–9. Oktober 1927

Haus Wolf in Guben, Ansicht von unten, 1925–1927.

Haus Wolf, Ansicht der Gartenterrasse.

vertikalen Akzente der Kamine nicht mehr in ihrer Autonomie, sondern in den verschiedenen Beziehungen zwischen den Teilen erkennbar sind. Über die elementare Gestaltung der einzelnen Teile hinaus entwickelt sich das Haus in den jeweiligen Verhältnissen, die sich zwischen Innen- und Außenraum bilden und sie einheitlich verbinden. Am besten zeigt sich das im realisierten, heute nicht mehr existierenden *Haus Wolf*, bei dem die abgestufte volumetrische Komposition des Gebäudes in die Terrasse und durch die Treppe bis zum Garten als ein von der Einheitlichkeit der Backsteinkonstruktion zusammengebundenes Ganzes übergeht. Der Backstein bleibt das maßgebende Element, aus dem sich das Haus als ein Ganzes entwickelt, ohne dass es notwendig wäre, die verschiedenen Teile in sich selbst zu definieren.

Haus Esters, Ansicht der Straßenfassade, um 1930.

Durch einen Prozess, in dem die Architektur auf ihr grundlegendes Modul reduziert wird, spielt der Backstein eine zentrale Rolle als zugleich konstruktives und expressives Element, dessen Kraft besonders in dem *Denkmal für Karl Liebknecht und Rosa Luxemburg* zum Ausdruck kommt, das Mies van der Rohe auf dem Friedhof in Berlin-Friedrichsfelde 1926 baute. Zum Gedenken der beiden Märtyrer des Spartakisten-Aufstandes von 1918/19 entwirft Mies als Symbol für die Exekutionswand eine massive Backsteinmauer, die als rein plastische Komposition zu verstehen ist. Ihre gigantische Dimension, sechs Meter hoch, zwölf Meter lang und vier

Die Expressivität der Backsteinkonstruktion

Denkmal für Karl Liebknecht und Rosa Luxemburg, Berlin-Lichtenberg, 1926.

Meter tief, verleiht ihr eine überdimensionale Monumentalität, die durch die gegeneinander verschobenen Backsteinkuben aus rauhem Klinker verstärkt wurde.

Auch bei den beiden benachbarten Häusern *Esters* und *Lange* in Krefeld, die zwischen 1927 und 1930 gebaut werden, bleibt das Material, in diesem Fall ein differenzierter dunkelroter Backstein, das einheitliche Element der ganzen Komposition: Eine Anordnung fließender Wohnräume, die in ihrer volumetrischen Definition und in ihrer Beziehung zum Garten dem *Haus Wolf* sehr ähnlich sind. Beide Bauten, heute in gutem Zustand erhalten, unterscheiden sich in ihrer Strassen- und Gartenfront: Entlang der Krefelder Wilhelmshofallee schließen sie mit einer horizontal durchgehenden zweigeschossigen Wand ab, die nur vom vorspringenden gleichhohen Eingangsbereich unterbrochen wird; auf der Gartenseite entwickeln sie sich in einer Serie von gestaffelten Kuben verschiedener Höhe weiter, in der große Glasflächen eingeschnitten sind, die großzügige Ausblicke in die parkähnlichen Gärten gestatten. Die zwei getrennten, aber kompositiv verbundenen Häuser bilden ein Ensemble, das durch die Einheitlichkeit des Materials akzentuiert wird. Die gemeinsame Gartenmauer parallel zur Strasse sowie die großen erhöhten Terrassen, immer aus Backstein, die einen klassischen Sockel auf der Gartenseite bilden, definieren weitere Elemente des einheitlichen Charakters der gesamten Anlage. Nach der plastisch-konstruktiven Komposition des Spartakistendenkmals entwickeln sich die kubischen Volumen der beiden Häuser als bewohnbare Skulpturen, die in ihrer inneren Raumanordnung eine starke Verbindung zum Außenraum wiederfinden.

Das Haus als Komposition freistehender Wände

Während Mies auf verschiedenen Gebieten mit der expressiven und konstruktiven Potenzialität der Backsteinmauer experimentierte, beschritt er außerdem mit den ungefähr zeitgleich im Ausland entstandenen Bauten des *Deutschen Pavillons* auf der internationalen Ausstellung in Barcelona (1928/29) und des *Hauses Tugendhat* in Brünn (1928–1930) einen neuen Weg in der Architekturgeschichte. Trotz der unterschiedlichen Bestimmung – ein temporärer Ausstellungspavillon[29] und eine luxuriöse Villa als Hochzeitsgeschenk für ein wohlhabendes Paar – verbinden beide Projekte gemeinsame Elemente.

Der so genannte *Barcelona Pavillon*, schon damals als Mies' europäisches Meisterwerk gefeiert, stellt sich als Manifest einer wiedereroberten Konzeption der Architektur als hohe Kunst dar,

29 »At the end of the talks about the purpose of this exhibition it had become clear that it was to be just a representational room, without any specific purpose« in *Mies speaks*, cit. S. 451.

Deutscher Pavillon zur Weltausstellung in Barcelona, Ansicht der Hauptseite, 1928/29.

die sich unabhängig von funktionalistischen Doktrinen in ihrer rein ästhetischen Dimension als »räumlicher Ausdruck geistiger Entscheidungen« präsentiert.[30] Am Ende der breiten, platzähnlichen Hauptquerachse des Beaux-Arts-Ausstellungsgeländes von Barcelona stellte Mies seinen Pavillon im rechten Winkel zum davorliegenden Platz, um ihn als isoliertes Element innerhalb des historischen Umfelds der anderen Ausstellungbauten hervorzuheben. Das Thema des erhöhten Sockels, den Mies vom *Haus Urbig* bis zu den Krefelder Landhäusern in verschiedenen Varianten weiter entwickelt hatte, wurde hier als Hauptelement wieder aufgenommen. Dieser war nun nicht mehr auf einen dahinter liegenden Garten geöffnet, sondern, als höchst repräsentative Lösung, auf den Platz gerichtet, der in eine Art monumentalen Vorgarten des Pavillons umgewandelt wurde. Der Pavillon, auf jenes Podium als *Tempel* gestellt[31], wurde durch eine asymmetrische Komposition freistehender Wände aus Marmor und Glas bestimmt, unabhängig vom regulären Raster der verchromten Stahlstützen mit kreuzförmigem Querschnitt und der schwebend wirkenden Dachplatte.

Als Übersetzung einer rein räumlichen Ideenauffassung sollte er sich als gebaute Demonstration zugleich einer vom umschließenden Mauerwerk befreiten Architektur als auch einer neuen

30 L. Mies v. d. Rohe, *Wir stehen in der Wende der Zeit. Baukunst als Ausdruck geistiger Entscheidungen*, in *Innendekoration*, (39) 1928, H.6, S. 262.
31 Als moderne Interpretation eines Tempels und zugleich als Negation derselben klassischen Prinzipien der Symmetrie siehe F. Schulze, *Mies van der Rohe*. op. cit., S. 162.

VOM HAUS ZUR ELEMENTAREN GESTALTUNG

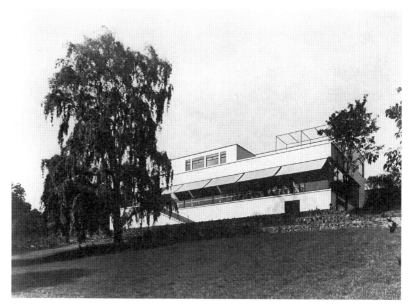

Haus Tugendthat in Brno, Ansicht der Gartenseite, 1928–30.

Wohnform präsentieren, die sich in einer ununterbrochenen Raumabfolge als Kontinuum ausdrückte. Die abstrakte Monumentalität der ganzen Anlage mit ihren gestalteteten Wasser- und kostbaren Steinflächen, wurde durch die plastische Form von Georg Kolbes weiblicher Skulptur *Der Morgen* unterstrichen.

Eine ähnliche Idee, insbesondere für die Benutzung freistehender Marmorwände innerhalb eines Stahlstützenrasters, ist auch für das Hauptgeschoss der repräsentativen Räume des *Hauses Tugendhat* charakteristisch.[32]

Das Haus mit durchgehenden Glasflächen, gekrönt vom kubischen Volumen des Eingangsbereichs und der Diensträume, ruht hier ebenfalls auf einem Podium, das über eine asymmetrisch angelegte Außentreppe zu erreichen ist. Anstatt der abstrakt-linearen Komposition zwischen den vertikalen Wandflächen und den horizontalen Dachplatten des *Barcelona Pavillons* stellt sich das Haus vom Garten gesehen als kompakte zweigeschossige Volumetrie dar, die sich an den Abhang anpasst. Von oben nach unten zu begehen, bildet es zur Strasse zwei zurückgesetzte Flügel, die von einer durchgehenden Dachplatte verbunden werden, unter der sich ein Durchgang mit panoramischem Ausblick und – über eine rundförmige Treppe – der Zugang zum unterliegenden Wohnbereich befinden. Dieser öffnet sich durch den östlichen Wintergarten und die Folge verschiedener, von einer halbrunden

32 Über *Haus Tugendhat* siehe Daniela Hammer-Tugendhat/W. Tegethoff (Hrsg.), *Ludwig Mies van der Rohe. The Tugendhat House*, Wien 2000.

VOM HAUS ZUR ELEMENTAREN GESTALTUNG

und einer linearen freistehenden Wand fließend voneinander abgegrenzter Räume mit einer langen Südwand aus Glas zum Garten.

Das *Haus Tugendhat* war das letzte groß dimensionierte und vielleicht am meisten diskutierte Wohnhaus, das Mies van der Rohe in Europa baute. Als demonstratives Paradestück und von einigen nicht als wirkliche Wohnung angesehen[33], wurde das Haus zusammen mit dem *Barcelona Pavillon* zum Manifest einer neuen Wohnform, die seine vielen unrealisierten europäischen Projekte und die späteren amerikanischen Landhäuser stark prägen sollte. Er kreierte eine neue Art des Wohnens als Ausdruck weder rein funktioneller noch sozialpolitischer, sondern inhaltlich-geistiger Fragen, die Mies bei der Wiener Werkbundversammlung 1930 vehement verteidigte: »Die neue Zeit ist eine Tatsache; sie existiert ganz unabhängig davon, ob wir ›ja‹ oder ›nein‹ zu ihr sagen. […] Hier erst beginnen die geistigen Probleme. Nicht auf das ›Was‹, sondern einzig und allein auf das ›Wie‹ kommt es an. […] Wir haben neue Werte zu setzen, letzte Zwecke aufzuzeigen, um Maßstäbe zu gewinnen.«[34]

Großstadtarchitekturen

Parallel zur intensiven Auseinandersetzung mit dem Thema des Wohnens und seiner neuen inhaltlichen Auffassung entwickelte Mies van der Rohe verschiedene urbane Projekte. Sie sind als Fortsetzung jener Experimente mit großstädtischen Prototypen zu sehen, die er schon Anfang der 20er Jahre begonnen hatte. Diese unrealisierten Entwürfe, die als Beiträge zu öffentlichen Wettbewerbsverfahren zwischen 1928 und 1930 erarbeitet wurden, haben zwei Dinge gemeinsam: Auf der einen Seite greifen sie innerhalb der historischen Substanz der Altstadt als punktuelle und strategische Umwandlungsobjekte ein; auf der anderen Seite bilden sie gleichzeitig, als unrealisierte Vorschläge, realistische und ideelle Beipiele einer neuen Vision der Stadt, die sich nicht aus einer reinen *tabula rasa*, sondern aus einer Dialektik zwischen Alt- und Neustadtteilen ergibt.

Jene Koexistenz permanenter und neuer Elemente einer nicht theorisierten, aber impliziten Stadtidee wird durch die Montagen gezeigt, die Mies für alle Projekte jener Jahre sorgfältig und großformatig als tatsächliche Manifeste einer neuen urbanen Dimension entwickelte. Montagen, die gleichzeitig die Stadt zeigen, wie sie war und wie sie durch seine Projekte umgewandelt werden sollte – gesehen von einem bestimmten visuellen Standpunkt eines beliebigen Fußgängers oder, wie für den Vorschlag der Neu-

33 Siehe die bekannte Kontroverse, in der Justus Bier auf die Zeitschrift *Die Form* (H. 6, Nov. 1931) antwortete unter dem Titel: *Kann man im Haus Tugendhat wohnen?* mit den darauffolgenden Äußerungen der Tugendhats (H. 11, Nov.1931) publiziert in Hammer-Tugendhat/Tegethoff, op. cit., S. 29 f.
34 L. Mies v. d. Rohe, *Die Neue Zeit: Schlußworte des Referats Mies van der Rohe auf der Wiener Tagung des Deutschen Werkbunds*, in: *Die Form*, (5) Aug. 1930, S. 406.

Kaufhaus Adam in Berlin-Mitte, Projekt, 1928–30.

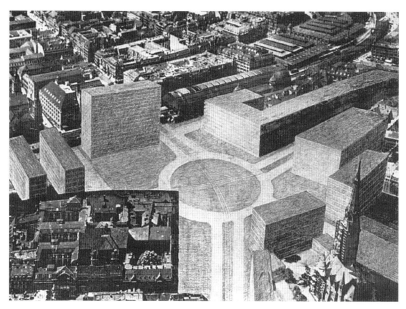
Umgestaltung des Alexanderplatzes in Berlin, perspektivisches Luftbild, 1929.

Umgestaltung des Alexanderplatzes, Ansicht vom Alexanderplatz.

ordnung des Alexanderplatzes, aus der Vogelperspektive. Parallel zur neuen großstädtischen Architektur, die besonders durch Karl Scheffler und Ludwig Hilberseimer gefördert wurde, versuchte Mies sich hier mit urbanen Themen auseinanderzusetzen. So arbeitete er u.a. an einem Geschäftshaus und einem Bürohochhaus an der Friedrichstrasse, der Umgestaltung des gesamten Stadtteils um den Alexanderplatz in Berlin und an einem Büro- und Bankgebäude am zentralen Hindenburgplatz in Stuttgart.

Auch wenn sie, abgesehen von den positiven Äußerungen seines Freundes und Bauhauskollegen Hilberseimer[35], von der zeitgenössischen Kritik nicht geschätzt wurden, sind einige dieser Entwürfe in letzter Zeit als Symbole einer neuen Art von kritischer Konstruktion innerhalb der existierenden Stadt im Hinblick auf die Beziehung zwischen den autonomen Charakteren der Architektur, ihrer konstruktiv-typologischen Dimension und ihrer kontextuellen Definition gelesen worden. In diesem Sinn haben einige Repräsentanten des italienischen Neorationalismus der 60er und 70er Jahre, wie A. Rossi, G. Grassi, A. Monestiroli, diese Projekte gesehen und sie als Ausgangspunkt ihrer eigenen Theorie genommen.

35 L. Hilberseimer, *Mies van der Rohe*, Chicago, 1956.

Als Mies Anfang der 30er Jahre mit dem Gespür für das Wesentliche, das unbedingt Erforderliche als »Gleichheit von Gedanke und Sache«, sowie mit der Wahrheit als Bedeutung der Tatsachen[36] auf dem doppelten Niveau des Wohnens und der Stadt experimentierte, ohne sie aufgrund geschichtlicher Tatsachen wie dem Aufstieg des Nationalsozialismus tatsächlich realisieren zu können, begann auch seine Lehrtätigkeit als Direktor des Bauhauses. Nach einer elfjährigen Geschichte, von der anfänglichen Führungsrolle von Walter Gropius bis zur letzten Leitung durch den Schweizer Hannes Meyer, befand sich die berühmte Schule in einer Phase des Umbruchs, die sich besonders auf die Bereiche Architektur und Städtebau richtete zugunsten einer neuen elementaren Auffassung, die von Mies und Hilberseimer bevorzugt wurde.[37] Nach der funktionalistisch und linksengagierten Phase von Meyer begann mit Mies van der Rohe eine neue Epoche, die sich hauptsächlich auf rein architektonische Themen konzentrierte, basierend auf einer Methodik der Abstraktion der Ziele von grundlegenden Prinzipien. Den Studenten wurden einfache Aufgaben wie der Entwurf eines Einfamilienhauses oder eines Hauses mit ummauertem Garten gegeben, die Mies' eigene Wohnprojekte widerspiegelten und seinem Prinzip entsprachen, dass »es … viel weniger schwierig ist, eine komplizierte Sache zu entwerfen, als etwas Klares und Einfaches«.[38]

Mies leitete das Bauhaus in Dessau bis zu seiner Auflösung als staatlicher Institution 1932, eröffnete es aber danach als Privatschule in Berlin wieder, auch wenn es im Jahr darauf erneut wegen der Opposition zur nationalsozialistischen Regierung geschlossen wurde.

Aus jener Zeit, als er auch andere unrealisierte Projekte wie das *Haus Nolde* in Berlin und das Wettbewerbsprojekt für einen *Golfklub in Krefeld* erarbeitete, ist gerade der Entwurf für die Umgestaltung des Innenraums von Schinkels *Neuer Wache* in Berlin zu einer Gedenkstätte für die Gefallenen des Ersten Weltkriegs von besonderem Interesse. Er wurde als Beitrag zu einem 1930 ausgeschriebenen Wettbewerb eingereicht, an dem mehrere Protagonisten der Berliner Architekturszene teilnahmen und der von Heinrich Tessenow gewonnen und realisiert wurde.

Zwei Jahrzehnte nach seinem ersten Bismarck-Gedächtnisprojekt, stark von Schinkel beeinflusst, hatte Mies van der Rohe hier die Gelegenheit, sich direkt mit dem großen Meister zu messen, wenn auch nur innerhalb eines kleineren Umbauprojekts. Sein

1930–1938
Zwischen Bauhaus und Drittem Reich

Monument als Gedächtnis

[36] L. Mies v. d. Rohe, *Wohin gehen wir nun?*, Bauen und Wohnen, (15) 1960, S. 391.
[37] Siehe dazu: *Der vorbildliche Architekt. Mies van der Rohes Architekturunterricht 1930–1958 am Bauhaus und in Chicago*, Bauhaus-Archiv, Berlin 1986 und *Mehr als der bloße Zweck. Mies van der Rohe am Bauhaus 1930–1933*, Bauhaus-Archiv, Berlin 2001.
[38] S. Honey, *Mies at the Bauhaus*, in *Architectural Association Quarterly*, (10) 1, 1978, S. 53.

Kriegerdenkmal in der Neuen Wache, Projekt, Berlin-Mitte, 1930 (Zeichnung S. Ruegenberg).

Vorschlag sah einen marmorverkleideten Raum und eine auf dem Boden liegende schwarze Platte mit der Inschrift *Den Toten* vor. Besonders von den Juroren des Wettbewerbs wie Paul Westheim, Siegfried Kracauer und Adolf Behne für seine klassisch-moderne Lösung gepriesen, entsprach dieses Projekt nur zum Teil den Wettbewerbsanforderungen, da er die empfohlene Idee einer offenen Decke nach dem berühmten Beispiel des Pantheons in Rom wegen Strassenlärm und Witterung mißachtete. Die Komposition konzentrierte sich in den verschiedenen skizzierten Lösungen auf den zentralen Monolythen als visuellem Flucht- und Schwerpunkt der umliegenden linearen Elemente, wie Glaswände und Bänke. Die Oberflächen der Wände sollten mit gequadertem Steinpflaster aus verschiedenen Materialien (grüner Marmor, Granit, Travertin) versehen werden, die zum Teil schon im *Barcelona Pavillon* und *Haus Tugendhat* benutzt worden waren.

Das öffentliche Gebäude und die Altstadt

Politisch als der Talleyrand der Modernen Architektur gesehen, entwarf Mies innerhalb eines Jahrzehnts Projekte, die außerhalb der politischen Orientierungen sowie der sozialen Reforminhalte seiner Auftraggeber standen.[39] Trotz seines intensiven Engagements in kulturellen Bewegungen wie der *Novembergruppe*, dem

46 VOM HAUS ZUR ELEMENTAREN GESTALTUNG

Ring und dem *Bauhaus* blieb die Architektur Mies van der Rohes unabhängig von ideologischen Aspekten und funktionellen Fragen. S.P. Johnson bemerkt in seiner Abhandlung zur Architektur im Dritten Reich, dass Mies immer außerhalb von Politik gestanden und stets Position gegen den Funktionalismus bezogen habe.[40]

Der Entwurf der *Reichsbank* stellt den ersten Versuch dar, eine moderne öffentliche Architektur zu definieren, die sich auf einer neueroberten Monumentalität gründen sollte. Als Beitrag eines beschränkten Wettbewerbs für die Erweiterung des Berliner Reichsbankgebäudes 1933 entworfen, war das Gebäude auf einem unregelmäßigen, fast trapezförmigen Areal zwischen der Kurstrasse und dem Spreekanal zu bauen, gerade in der Mitte des Kerns des Friedrichswerders. Mies' Vorschlag forderte die Monumentalbauten um den Schlossplatz und den Lustgarten direkt heraus, insbesondere Schinkelprojekte wie die Bauakademie, das Alte Museum und das Packhofgebäude mit ihrer stereometrischen Volumetrie und der engen Beziehung zum Wasser.

Gerade in dieser Beziehung zu den repräsentativen Monumenten des historischen Stadtkerns von Berlin entwickelte Mies einen Bau, der sich in seiner endgültigen Lösung aus einer autonomen, symmetrisch aufgebauten, dreiflügeligen Anlage zusammensetzte, die ihre charakteristischste Front entlang des Spreekanals hatte und sich so an Schinkels panoramischer Sichtweise orientierte. Durch eine rhythmische Aneinanderreihung dreier stark vertikal entwickelter Baukörper gliederte sich die tatsächliche Rückseite des Gebäudes entlang des Kanalufers mitten in eine niedrigere kontinuierliche Häuserfront ein, die den Neubau und sein modernes Prinzip der sich orthogonal zur Strasse wiederholenden freistehenden Baukörper umrahmen und begrenzen sollte. In ihrer rein volumetrischen Definition perspektivisch erkennbar, wirken die drei Baukörper scheinbar freistehend und voneinander getrennt, auch wenn sie durch die zwei Querkörper der weiten Eingangshalle, den hinteren Verbindungskörper in einem alleinstehenden urbanen Baublock und durch eine unterirdische Passage zum existierenden Altbau der Bank verbunden wurden. Trotz des unregelmäßigen Grundstückes stellte sich Mies' Entwurf als autonome, klar erkennbare Typologie dar, die, in ihrer außermaßstäblichen Dimension gegenüber der bestehenden Stadtbebauung an die Berliner Tradition der Backsteinblöcke anknüpfte und durch ihre Orientierung entlang der Hauptachse zwischen Potsdamer Platz und dem mittelalterlichen Stadtteil um das Rathaus eine

39 S. R. Pommer, *Mies van der Rohe and the Political Ideology of the Modern Movement in Architecture*, in F. Schulze (Hrsg.), *Mies van der Rohe. Critical Essays*, MoMA, New York 1989, S. 97 f.
40 S. P. Johnson, *Architecture in the Third Reich*, in *Hound and Horn*, vol. 7, Okt.–Dez. 1933, S. 137 ff.

Reichsbank in Berlin, perspektivische Ansicht vom Spreekanal.

neue punktuelle Beziehung zur Altstadt knüpfte. Gerade in dieser ideellen Einfügung in die historische Stadtlandschaft spielte hier das Bürogebäude eine neue Rolle als modernes öffentliches Monument innerhalb des existierenden Kontexts und zugleich als das Fragment eines neuen, auf autonomen Bauten basierenden Großstadt-Stadtteils.

Das Hofhaus als urbaner Typus

Neben dieser Erforschung einer neuen städtischen Rolle des öffentlichen Gebäudes führte Mies gleichzeitig die Studien zu neuen Wohnhaustypologien weiter. Angefangen vom bekannten *Musterhaus für die Deutsche Bauausstellung* 1931 in Berlin bis zu den sogenannten *Hofhausstudien* von 1934 bis 1938, die seine späteren amerikanischen Wohnhäuser stark beeinflussen werden, vertiefte er jene Auseinandersetzung mit den räumlichen Trennungselementen des Wohnhauses, die hier als wiederholbare Elemente innerhalb einer urbanen Umfassungsmauer zusammengefasst wurden. Während das Musterhaus als reiner Prototyp in einer von ihm geleiteten Ausstellung über *Die Wohnung in unserer Zeit*, eine direkte Beziehung zum *Barcelona Pavillon* aufweist,[41] zeigen die anderen Studien eine Untersuchung der wandelbaren Beziehung zwischen freier Artikulation der Wohnräume und ihrer äußeren Umrahmung.

41 Siehe das *Programm zur Berliner Bauausstellung*, in *Die Form*, (6) 1931, H.7, S. 241.

Parallel zu jenen mehr theoretischen Projekten, die auch das Hauptthema seiner *Bauhaus*lehre waren, erarbeite er zugleich konkrete, aber unrealisierte Landhausentwürfe, wie das *Haus Gericke* und das *Haus Hubbe*, deren räumliche Komplexität nur zum Teil im Berliner *Haus Lemke* wiederkehren sollte. Die beiden Hauptprojekte, die Häuser *Gericke* und *Hubbe*, waren durch ihre brillante Lage gekennzeichnet, das eine mit direktem Blick auf den Berliner Wannsee, das andere auf der Elbinsel bei Magdeburg gelegen, beide von schönem, alten Baumbestand umgeben. Während das *Haus Gericke* als Komposition von niedrigen Pavillons gedacht wurde, die sich in das umliegende grüne Areal erstreckten und von Dachflächen zusammengehalten wurden, entwickelte sich das *Haus Hubbe* von einer anfänglich analogen Anordnung zu einer rechteckigen Anlage, die von einer zum Teil mit Durchbrüchen versehenen Umfassungsmauer umschlossen wurde. Die T-förmige Anordnung der Innenräume sollte innerhalb jener Einfriedung halb- oder ganz offene Räume bilden, die als Höfe und Gärten gedacht waren.

Die potentiellen Möglichkeiten dieser Hofhaus-Typologie lotete Mies van der Rohe gleichzeitig durch andere Studien aus, und er definierte ihre geschlossene Mauerumrandung als neuen urbanen Wohnhaus-Typus. Dieser wiederkehrende Bautypus kann innerhalb begrenzter benachbarter Grundstücke errichtet werden, die zum Teil als geschlossene Garten- und Hofanlagen belassen werden. Von hier aus entstand auch der 1934 erarbeitete Entwurf für eine *Siedlung von Hofhäusern* in Magdeburg, auf einem dem Fluss nahen Areal im Besitz der Familie Hubbe: Das Areal wurde in bis zu sechzehn rechteckige von Backsteinmauern eingefasste Grundstücke geteilt, für die Mies mehrere Grundrissvarianten schuf, die sich, in ihren verschiedenen Räumlichkeiten, immer als quergestellter Baukörper zwischen den befestigten Höfen darstellten. Von der inneren Struktur der einzelnen Wohnräume und ihrer Gruppierung um die geschlossenen Höfe bis zu ihrer Einfriedung durch eine komplette Umfassungsmauer, führte Mies hier eine typologische Idee innerhalb eines urbanen Angliederungsprinzips ein, die, trotz ihrer scheinbaren Modernität, ideal an das Modell der altrömischen *Domus*-Viertel anknüpft.

Mies in Berlin heute

Von den ersten Berliner Wohnhäusern der 10er und 20er Jahre über die ideellen Projekte der Landhäuser in Backstein und Eisenbeton sowie die prototypischen Realisierungen des *Barcelona Pavillons* und des *Hauses Tugendhats* bis zu den Hofhaus-Studien der letzten europäischen Jahre entwickelte Mies van der Rohe eine kontinuierliche Forschung über das Wohnen, seine verschiedenen Formen und potentiellen Varianten, die in den letzten Jahren aus vielfältigen Gesichtspunkten vertieft wurden.

Parallel untersuchte er neue Ausdrucksformen für das moderne städtische Bürogebäude, das nicht nur in seiner rein typologischen Auffassung, sondern auch in seinem urbanen Charakter und seiner Rolle innerhalb der Stadt konzipiert wurde. Von den verschiedenen Varianten des Hochhauses an der Friedrichstrasse, die sich zwischen der neuen typologischen Auffassung von einem Bürogebäude und der Adaptierung des irregulären Areals positionieren, über den Vorschlag für den Alexanderplatz, der das Thema der Platzeinheit mit freistehenden Baukörpern löst, bis hin zur Reichsbank, die in ihrem solitären Charakter in enger Verbindung zu den Berliner Monumentalbauten steht, zeigt sich bei Mies' urbanen Entwürfen für Berlin eine neue Rolle des öffentlichen Gebäudes im Rahmen der von Schinkel eingeführten Autonomie der konstruktiv-typologischen Charaktere der Architektur hinsichtlich der urbanen Fesseln und den von der existierenden Stadt auferlegten Begrenzungen. Auf das Schinkelsche Prinzip der Autonomie des Gebäudes – »Jede Construction sei rein, vollständig und in sich selbst abgeschlossen« – gründet sich ideell die Verwendung freistehender Gebäude in Mies' städtebaulichem Projekt für den Alexanderplatz, das besonders von Hilbersheimer verteidigt wurde. Gegen dieses »Hauptprincip« und die daraus resultierende »romantische Verwilderung des Städtebaus« wendete sich gleichzeitig Werner Hegemann in der Suche einer neuen städtebaulichen »Einheit«.[42]

Zu beiden Themen hat die neueste Forschung über Mies van der Rohes Berliner Jahre eine Bandbreite und Vielfalt von Interessen und Orientierungen demonstriert, die man heute nicht mehr wie in der kanonischen Mies-Interpretation in einer monolithischen und einheitlichen Auslegung unterbringen kann, sondern als eigenständige, autonome Untersuchungen lesen muß. So wird in der Literatur darauf verwiesen, dass zwischen 1955 und 1977 elf Monographien über Mies erschienen sind: »Sein Image, das in diesen Arbeiten aufgebaut wurde, war ein essenziell statisches. Über dem, was stresste, stand alle Einheit seines totalen Oeuvres, die ›zeitlose‹ Perfektion eines jeden individuellen Hauses. [...] Mies' Sache ist im einzelnen bedeutend in ihrer Wiederaufnahme, weil konträr zur generellen Annahme, dass sein Werk charakterisiert ist durch Einheit und Festigkeit – eben

42 Zu Hilbersheimer siehe in *Das Neue Berlin*, Nr. 2, S. 39 ff., zu Hegemann in *Das Steinerne Berlin*, Berlin 1930, 1976, S. 181.

Monotonie – ist es tatsächlich voller Konflikte und offen für den entschlossenen Widerspruch.«[43]

Gerade in der Vielfältigkeit der Forschungslinien, die sich im Spannungsfeld einer andauernden Dialektik von klassischen und antiklassischen Elementen bewegt, ist der Berliner Mies heute aktueller als je zuvor, nicht nur im kritisch-historischen Sinne, sondern insbesondere auch im Hinblick auf eine Debatte, die sich auf die Rolle der Architektur in Beziehung zur Geschichte, zur Konstruktion und zur Stadt konzentriert.

43 R. Padovan, *Mies. The correspondence of Thing and Intellect*, in ibid., *Towards Universality. Le Corbusier, Mies and De Stjil*, London/N. Y. 2002, S. 146, 149.

Artur Gärtner

Von der elementaren Gestaltung zur Konstruktion

Die Amerikanischen Jahre von Mies van der Rohe

**Abschied von Berlin
und Ankunft in Amerika**

Ich benutze gerne die sich mir bietende Gelegenheit, über den Sender The Voice of America meinen deutschen Freunden für ihr freundliches Gedenken zu meinem 75. Geburtstage herzlich zu danken. Ich gedenke an diesem Tage nicht nur der Freunde, sondern auch meiner Heimatstadt Aachen, in deren Mauern ich meine Jugend verbrachte. Dann der Stadt Berlin, wo ich für ein Vierteljahrhundert leben und wirken konnte. Dieser Stadt mit den großen Bauherrn eines Schlüters, Knobelsdorffs und Schinkels, und wo ich in Bruno Paul und Behrens meine ersten großen Lehrer fand. Dann der gemeinsamen Arbeit mit Gleichgesinnten im Deutschen Werkbund.

Ich gedenke auch der reichen und großartigen Zeit der Zwanziger Jahre, die für unsere westliche Kultur einen so großen Beitrag leistete und die mit dem Kampf um das Bauhaus endete.

Das alles war für mich und für meine spätere Arbeit in Amerika von großer Bedeutung. Das alles habe ich stets in dankbarer Erinnerung […].[1]

Zweifellos hatte Mies zu Berlin zeitlebens eine besondere Beziehung. In dieser Stadt fand er seine großen Lehrmeister und legte den Grundstein für ein Gedankengebäude, aus dem sich über Jahrzehnte sein Baugedanke entwickelte. Zusammen mit »Gleichgesinnten« im Deutschen Werkbund erarbeitete er die grundsätzlichen Prinzipien für seine eigene Bilanz der Baukunst unserer Zeit. Neben der Würdigung Berlins als geistiger Heimat wird in der Ansprache von 1961 spürbar, wie schwer ihm der Abschied seinerzeit gefallen sein muss. Dass dies ein Abschied auf Dauer sein sollte, hatte ihm dabei vielleicht noch nicht vor Augen gestanden. 1938 wurde der Weggang aus Deutschland jedoch unausweichlich. Mit der Machtergreifung der Nationalsozialisten war es Mies nicht nur unmöglich geworden, das *Bauhaus* in Berlin weiterzuführen, auch Bauaufträge aus Wettbewerben wurden ihm entzogen, sodass er kaum noch künstlerische Wirkungschancen hatte. Während dieser Isolation unterhielt Mies bereits verschiedene Kontakte in die USA. Mit Philip Johnson stand er seit Ende der zwanziger Jahre in Verbindung und projektierte 1930 dessen Apartment in New York. Auch Anfragen zu Lehrtätigkeiten und andere Auftragsmöglichkeiten trafen ein, die ihm einen Neuanfang in Amerika erleichterten.

Erst 1962 wird Mies für das bedeutsamste Berliner Bauwerk der Nachkriegszeit aus Amerika in die Stadt zurückkehren. Die Neue Nationalgalerie stellt den Abschluss und zugleich Höhepunkt seines Schaffens dar. Berlin rahmt damit als Start und Ziel das Le-

1 Mies van der Rohe, Dankesrede 1961, im Sender »The Voice of America« aus Anlass seines 75. Geburtstages. Manuskript, in: Archiv Dirk Lohan, Chicago.

benswerk eines großen Baumeisters, der seine Aufgabe darin sah, mit seiner Architektur der neuen Epoche von Industrie und Technik Ausdruck zu verleihen.²

Kurz nach seinem 50. Geburtstag 1936 erhält Mies einen Brief von John. A. Holabird, damals Vorsitzender eines Komitees, das einen neuen Leiter für die Architekturabteilung des Armour Institute of Technology in Chicago (AIT) suchte. *Danke für Brief. Bin interessiert. Brief folgt*³, war die charakteristisch knappe Antwort und der Beginn eines kurzen Briefwechsels, in dem das AIT mehr und mehr sein Interesse an Mies als Leiter für diese Architekturschule signalisierte. Unter den Bedingungen, aus der Schule eine *zeitgemäße universitas artes*⁴ machen zu können und ein Büro in Chicago betreiben zu dürfen, war Mies zu Verhandlungen bereit. Darüber hinaus müsste jedoch *die Änderung des Lehrplans [...] so grundlegend sein, dass sie über den bisherigen Rahmen der Architekturabteilung hinausgeht.*⁵ Anfang Juli wird Mies nahe gelegt, sich im Herbst 1937 vielleicht zunächst in Form einiger Vorträge persönlich ein Bild der örtlichen Umstände zu machen, doch Mies ließ sich nicht unter Druck setzen. Stattdessen legte er weitere Verhandlungen für drei Monate auf Eis.

In dieser Zeit sah auch der Dekan der Harvard University Hudnut einer Professur für Mies entgegen, musste aber mindestens zwei weitere Namen zur Auswahl stellen und nannte neben Mies auch Walter Gropius und J. J. P. Oud. Der Name Gropius war für Mies Anlass genug, seine Zustimmung für eine Professur in Harvard einzuschränken: *Ich bin zwar bereit, einer Berufung zu folgen, muß es aber ablehnen, um den Lehrstuhl zu kandidieren. Sollten Sie an Ihrer Absicht, dem Präsidenten der Universität mehrere Namen vorzuschlagen, festhalten, bitte ich Sie, meinen Namen nicht zu nennen.*⁶

1919 hatte Gropius das Kröller-Müller-Projekt für die »Ausstellung für Unbekannte Architekten«, die dieser damals für den *Arbeitsrat für Kunst* organisierte, abgelehnt. Zweifellos war daraus bei Mies eine gewisse Reserviertheit gegenüber seinen früheren Kollegen aus dem Büro Behrens hervorgegangen, welche bis dahin nachhallte. Letztlich fiel die Wahl des Kuratoriums der Harvard-University auf Gropius.

Zu dieser Zeit bemüht sich auch Alfred Hamilton Barr Jr., Mies als Architekten für das Museum of Modern Art (MoMA) in New York zu gewinnen. 1929 war Barr als Gründungsdirektor des MoMA beauftragt worden, ein Museum für Moderne Kunst einzurichten. Er sah in Mies den richtigen Architekten, das Kuratorium war allerdings anderer Meinung. Erfolgreicher wurde

2 *Ich bin kein Reformist. Ich will die Welt nicht ändern, ich will ihr Ausdruck verleihen. Mehr will ich nicht.* Zit. nach: Franz Schulze, *Ludwig Mies van der Rohe. Leben und Werk*. orig. Chicago, 1986, Mies van der Rohe im Gespräch mit Studenten der Architectural League.
3 Franz Schulze, ibid. S. 214.
4 Mies van der Rohe, *Brief an John A. Holabird*, 20. April 1936, Mies-van-der-Rohe-Archiv, ibid. S. 214.
5 Mies van der Rohe, *Brief an Willard E. Hotchkiss*, undatiert, Mies-van-der-Rohe-Archiv, ibid. S. 214.
6 Mies van der Rohe, *Brief an Joseph Hudnut*, 15. September 1936, Mies-van-der-Rohe-Archiv, ibid. S. 216.

Barr in der Vermittlung von Mies an Mrs. Resor, die sich von ihm ein Sommerhaus in Wyoming entwerfen lassen wollte. Mrs. Resor lud Mies nach einem kurzen Treffen im Sommer 1937 in Paris nach Amerika zu einer Grundstücksbesichtigung in Jackson Hole ein. In untypischer Eile packt Mies seine Koffer, um schon am 20. August 1937 in New York anzukommen. Er wird bis zum Frühjahr 1938 ein knappes Jahr in Amerika bleiben, bevor er seiner Emigration wirklich sicher ist und sich von Deutschland verabschiedet.

Während der Monate in Amerika war es Mies sehr willkommen, dass sich seine ehemaligen Studenten am Berliner *Bauhaus* John Barney Rodgers und William Priestley auch als Dolmetscher der Resors zur Verfügung stellten. Bis zum März 1938 liegen die Konstruktionsplanung und Ausschreibung des Projekts bereits vor, Mr. Resor musste jedoch *aufgrund der Wirtschaftslage*[7] Mies den Auftrag schon bald entziehen. Aus Jackson Hole wieder nach New York zurückgekehrt, warteten Rodgers und Priestley bereits, um ihm ... *alles, was wir von Richardson, Sullivan und Wright finden konnten [...]*[8], zu zeigen. Priestley organisierte auch ein Treffen mit Vertretern des AIT. Dieses Treffen mit Holabird, Dekan Heald sowie James D. Cullingham, dem Vorsitzenden des Kuratoriums, mündete in einer Zusage von Mies – jedoch unter dem Vorbehalt, die Lehre nach seinem neu erstellten Lehrplan für die Architektur-Ausbildung am AIT auszuüben. Noch vor der Ankunft in Deutschland ist der offizielle Vertrag zwischen Mies und dem AIT fertig: Ab 1. September 1938 übernimmt er für zwei Jahre eine Professur und die Direktion der Abteilung für Architektur für 8000 Dollar pro Jahr.

Nach dieser Vereinbarung arrangierte Priestley für Mies ein Treffen mit Frank Lloyd Wright in dessen Haus in Spring Green, Wisconsin: *Herr Wright, Herr Mies van der Rohe ist in Chicago. Er möchte Sie gerne treffen. »Das kann ich mir vorstellen«*[9], war die unschicklich barsche Antwort von Wright. Dabei schätzte dieser Mies weitaus mehr als Künstler und Architekten als beispielsweise Le Corbusier oder Walter Gropius, ganz besonders wegen des Barcelona Pavillons und Haus Tugendhat. Diese beiden Projekte waren ihm Beweis genug für eine individuelle Sensibilität. Wenn der Barcelona Pavillon von einer Wrightschen Raumauffassung geprägt gewesen sein sollte, so war das Vorbild jedoch eigenständig aufgegriffen und weitergedacht worden. Mies zeigte sich im Gegenzug überaus beeindruckt von Wrights Anlage in Talisien. Der geplante Nachmittagsbesuch hatte sich indessen auf vier

---

7 Schulze 1986, ibid. S. 220.
8 William Priestley, *Brief an John Barney Rodgers*, 1. September 1937, zit. nach Rodgers Brief an Nina Bremer, 11. Februar 1976, Mies-van-der-Rohe-Archiv, ibid. S. 219.
9 William Priestley im Gespräch mit Franz Schulze, 25. Januar 1982, Schulze ibid. S. 219.

Mies van der Rohe in Talisien bei Frank Lloyd Wright, 1937.

Tage ausgedehnt; die Wertschätzung der beiden Männer beruhte offenbar auf Gegenseitigkeit.

Mies blieb im Frühjahr 1938 nicht viel Zeit, sich in und von Berlin zu verabschieden. Ein kurzer Aufenthalt musste genügen, um Familie, Gleichgesinnten und Mitarbeitern, insbesondere Lilly Reich Lebewohl zu sagen. Die Verhältnisse in Deutschland wurden inzwischen immer bedrückender, auch gefährlicher. Das konnte selbst Mies betreffen, der Beziehungen zu Juden und Linken wie Perls, Fuchs, Liebknecht, Hilberseimer oder Mendelsohn unterhielt. Für das künstlerische und geistige Klima, das in Deutschland herrschte, war die am 19. Juli 1937 in München geöffnete »Ausstellung für entartete Kunst« kennzeichnend. Auch Werke von Mies' Freunden wie Ernst Ludwig Kirchner, Paul Klee oder Ernst Barlach wurden hier gezeigt und mit Zeichnungen geistig Behinderter verglichen, worin Mies Kenntnis hatte. Von Aachen begibt er sich mit Hilfe der Ausweispapiere seines Bruders Ewald über Holland auf die Überfahrt nach New York. *Hirche* ließ Mies seinen Mitarbeiter in Berlin wissen, *kommen Sie bald nach*[10].

10 Herbert Hirche im Gespräch mit Franz Schulze, 3. Juli 1982, Schulze ibid. S. 226.

Lehrer und Architekt am IIT

Dem Neubeginn in Amerika stand nichts mehr im Wege. Der Vertrag über die Professur und die Direktion der Abteilung für Architektur war unterschrieben, und Mies machte sich daran, ein neues Ideal zu formulieren, mit dem er gleichsam eine Bilanz über den geistigen Standpunkt der Architektur zieht und ihn in seiner Lehre vertritt. Der Lehrplan enthält autobiographische Züge und formuliert gleichzeitig einen hoffnungsvollen Ausblick auf die amerikanische Zukunft von Mies, so lässt es sich seinen Worten entnehmen. *Wenn Lehren überhaupt einen Sinn hat, dann hat es den, zu bilden und zu verpflichten. Es hat fortzuführen von der Unverbindlichkeit der Meinung in die Verbindlichkeit der Einsicht. Herauszuführen aus dem Bereich des Zufalls und der Willkür in die klare Gesetzmässigkeit einer geistigen Ordnung. Deshalb führen wir unsere Studenten den zuchtvollen Weg vom Material über die Zwecke der Gestaltung.*[11] Wie in der Entwicklung von Mies sollte der Lehrplan organisch vom Studium der Mittel, mit denen man baut, und der Zwecke, für die man baut, über zur Sphäre der Architektur als Kunst fortschreiten. *Von dieser Einsicht muß jede Baulehre ausgehen. Schritt für Schritt soll sie deutlich machen, was möglich, notwendig und was sinnvoll ist.*[12]

Ausgehend von der Praxis hatte Mies im väterlichen Steinmetzbetrieb, wo man ihm *ein Gefühl für Proportion, Struktur, Form und Material übermittelt[e]*, über das Büro von Peter Behrens, wo veranschaulicht wurde, *warum und worin sich eine Bauaufgabe von der anderen unterscheidet; worin ihr wirkliches Wesen besteht*, hin zu den Gleichgesinnten im Deutschen Werkbund, mit denen ihn das Bedürfnis verband, dass *die geistige Situation unserer Epoche, in deren Abhängigkeit wir uns befinden, geklärt werden* müsse, den langen Weg selbst beschritten.[13] Dieser Weg des Bauens sollte einer Bahn des Erkennens folgen, denn nur *ein Erkennen der im Wesen verborgenen Möglichkeiten* kann zu den Grundlagen wirklicher Gestaltung führen.[14] Bei diesem mühsamen Gang vom Material über die Zwecke zur Gestaltung würde sich klären lassen, was Architektur sein kann, was sie sein muss und was sie nicht sein darf, um dem großen Ziel Rechnung zu tragen, *Ordnung zu schaffen in dem heillosen Durcheinander unserer Tage*.[15]

Das erste Büro von Mies befand sich in der Jackson Street/Ecke Michigan Street und war 1939 gerade eingerichtet worden. Die Studenten glichen seinen Mitarbeitern, wie schon am *Bauhaus* entwickelte Mies auch am AIT seine Ideen in Form von Studienarbeiten mit ihnen zusammen.

---

11 Ludwig Mies van der Rohe, *Antrittsrede* als Direktor der Architekturabteilung am Armour Institute of Technology (AIT), 20. November 1938, anlässlich des Testimonial Dinner im Palmer House, Chicago. Manuskript in: Library of Congress (LoC). Wiedergabe in: Philip Johnson, *Mies van der Rohe*, New York 1947, S. 196–200, Werner Blaser, *Mies van der Rohe, Lehre und Schule*, Stuttgart/ Basel 1977, S. 28 ff.
12 Ludwig Mies van der Rohe, *Leitgedanken zur Erziehung in der Baukunst*, in Werner Blaser, *Mies van der Rohe, Die Kunst der Struktur*, Zürich/ Stuttgart 1965, Neuaufl.1972, S. 50 ff.
13 Ludwig Mies van der Rohe, *ibid.*, S. 50 ff.
14 Fritz Neumeyer, *Mies van der Rohe. Das kunstlose Wort. Gedanken zur Baukunst*, Berlin 1986, S. 278.
15 Ludwig Mies van der Rohe, *Antrittsrede* (wie Anm. 11), 1938, ibid.

Das erste zu realisierende Projekt begann mit dem Auftrag für die Neugestaltung des Hochschulgeländes. Dies geschah allerdings nicht offiziell. Aus dem künftigen Zusammenschluss des AIT und des benachbarten Lewis Institute sollte 1940 das Illinois Institute of Technology (IIT) mit einem gemeinsamen Campus entstehen. Dazu gab es bereits einen Entwurf von Alfred Alschuler, Architekt und Mitglied des Kuratoriums des AIT. Dennoch bat der leitende Rektor Henry T. Heald heimlich um einen Gegenvorschlag von Mies, der erst in fertigem Zustand präsentiert werden sollte. Kurz nachdem Mies am neuen Campusplan zu arbeiten begann, verstarb Alschuler – nicht wissend, dass er in Mies einen Konkurrenten hatte. Die Arbeit am IIT-Campus begann nun offiziell.

Da es eine Vielzahl nicht präzise datierter Campus-Entwürfe gibt, ist es ein schwieriges Unterfangen, eine chronologische Entwicklung zu rekonstruieren. Gleichwohl sind alle Entwürfe sofort verständlich, da sie von Anbeginn einem einheitlichen Prinzip folgen. Die Gebäude sind jeweils so um einen zentralen Platz gruppiert, dass offene und geschlossene Räume abwechseln. Wie schon beim Barcelona Pavillon, der seinen Ursprung im Landhaus aus Backstein von 1923 hat, strebt Mies auch hier ein nunmehr öffentliches Raumkontinuum an. Die Gebäude fungieren also nicht als physischer Abschluss eines Platzes, sondern dienen lediglich als visueller mit der Aufgabe, den öffentlichen Raum zu definieren, nicht zu umschließen. Der Mies'sche Raum, dies zeigt der Barcelona Pavillon im Besonderen, ist seinem Wesen nach ambivalent: Er begrenzt zwar, zeigt sich aber nicht abgeschlossen. Die (einzige) Erläuterung zu seinem Entwurf für das Landhaus in Backstein von 1923/24 scheint daher gleichermaßen für den Masterplan des IIT-Campus zu gelten: *Bei dem Grundriß dieses Hauses habe ich das bisher übliche Prinzip der Raumumschließung verlassen und statt einer Reihe von Einzelräumen eine Folge von Raumwirkungen angestrebt. Die Wand verliert hier ihren abschließenden Charakter und dient nur zu Gliederung des Hausorganismus.*[16]

Seit dem Landhaus in Backstein hat Mies das Prinzip des Raumkontinuums immer wieder in verschiedenen Maßstäben angewandt, so auch mittels Vorhängen auf der Seidenausstellung 1927 in Berlin, mit Bücherregalen im Resor House Projekt von 1937/38 oder anderen Möbeln in seinen Projekten. Neu ist allerdings, dieses Prinzip auf städtebaulichem Maßstab anzuwenden. Mies versteht den Campus demzufolge wie ein großes Haus, das er nun mit seinen Gebäuden möbliert – ein Gedanke, den bereits vor etwa 450 Jahren der Humanist und »Homo Universale« Leon

Das Campusprojekt

16 Ludwig Mies van der Rohe, *Vortrag*, 1924, Ort, Datum und Anlass sind nicht bekannt. Unveröffentlichtes Manuskript vom 19. Juni 1924, in: Archiv Dirk Lohan, Chicago. – Der größte Teil des Textes übernimmt Passagen aus dem Manuskript ›Baukunst und Zeitwille‹ vom 7. Februar 1924; im letzten Drittel, in dem Lichtbilder vorgeführt werden, wiederholt Mies seine kargen Erläuterungen zum Hochhaus Friedrichstraße und zum Bürohaus.

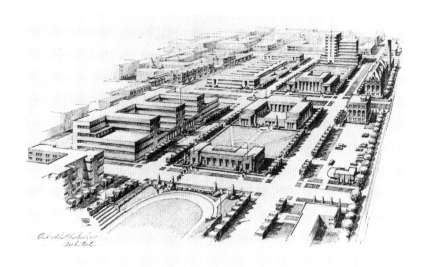

AN ARCHITECT'S CONCEPTION OF THE NEW CAMPUS

Alfred Alschulers Vorschlag zum AIT-Campus, 1940.

Battista Alberti in Florenz formulierte.[17] Alberti veranschaulicht *soziale Proportion*, indem er ein Haus als eine kleine Stadt und eine Stadt als ein großes Haus definiert. So beschreibt er die Dialektik zwischen privatem und öffentlichem Raum. Die Architektur ist dabei die soziale Kunst, die privat und öffentlich, also Bürger und Staat verbindet, sie ordnet Räume zu. Alberti versteht die Stadt als Wohnung der Gesellschaft, in der die Bauwerke einzelne Räume definieren. Waren bisher Wandscheiben die Raum gliedernden Elemente, so sind es auf dem Mies'schen Campus nun Baukörper.

Eine weitere gemeinsame Grundlage der Entwürfe ist ein Raster. Da sich der Campus im Laufe der nächsten Jahre und Jahrzehnte entwickeln soll, entscheidet sich Mies für eine Rastergröße im Standardmaß der Unterrichtsräume und Laboratorien Amerikas von 12 Fuß (auf horizontaler Ebene 24 Fuß). Dieses Raster (etwa 7,3 m x 7,3 m x 3,65 m-Kuben) mit entsprechenden Abständen der Gebäude untereinander unterscheidet sich deutlich von Alschulers klassizistisch angehauchtem Vorschlag. Jener folgte einer baulichen Anordnung, wie sie bei der Jefferson-Universität oder bei den Höfen der Oxford-Universität praktiziert wurde. Da das Modulsystem von Mies im Grundriss auch für die Höhenentwicklung der einzelnen Gebäude galt, hatte es den großen ökonomischen Vorteil, dass einheitliche Bauteile in unterschiedlichster Art eingesetzt und verwendet werden konnten.

17 Leon Battista Alberti, *De Re Aedificatoria*, Florenz 1485. Deutsche Ausgabe: *Zehn Bücher über die Baukunst*, übersetzt von Max Theuer, Wien, Leipzig 1912.

Mies van der Rohes Gegenvorschlag, 1939–41.

Die Campusanlage sollte wie geplant vollendet werden, schrieb Mies Gordon Bunshaft vom Chicagoer Architekturbüro Skidmore, Owings & Merrill, der mit der Leitung des IIT-Projekts beauftragt wurde, nachdem man den emeritierten Mies 1958 von der weiteren baulichen Gestaltung des Campus entband. *Geschieht das nicht, muß ich sie als Torso akzeptieren.*[18] Obwohl sich der Campus über zwei Jahrzehnte hinweg entwickelte, blieb das ursprünglich geplante Gesamtbild gewahrt.

Die Campusbauten

Wie mit den Hofhäusern der 30-er Jahre am *Bauhaus* verfährt Mies mit den Campusbauten auch am AIT so, dass er seine Ideen Studenten als Aufgabe stellt. Mit ihnen zusammen erarbeitet er eine Vielzahl bautypologischer Entwürfe und ein System, auf dessen Grundlage sich der IIT-typische Bautyp entwickeln kann. *Architektur ist kein Cocktail*[19], pflegte Mies des Häufigeren zu sagen und kombinierte nur die Ingredienzien zusammen, die für ihn die Materialien der Zeit bedeuten, nämlich Stahl und Glas. Den besonderen Charakter erhalten die Campusbauten durch Verwendung des Backsteins, den Mies sowohl im Steinmetzbetrieb seines Vaters, als auch in Peter Behrens' Büro kennen und schätzen gelernt hatte. *Der Backstein ist ein [...] Lehrmeister. Wie geistvoll ist schon das kleine, handliche, für jeden Zweck brauchbare Format. Welche Logik zeigt sein Verbandsgefüge. Welche Lebendigkeit*

18 Mies van der Rohe, *Brief an Gordon Bunshaft*, 2. September 1958, Library of Congress (LoC), Washington, D.C., Schulze ibid. S. 295.
19 Dieser Satz, den Mies gelegentlich in der Form variierte, wurde ein Gemeinplatz in seinen Gesprächen in Amerika, Schulze ibid. S. 237.

sein Fugenspiel. Welchen Reichtum besitzt noch die einfachste Wandfläche. Aber welche Zucht verlangt dieses Material.[20]

Mies geht es um das Wahre in der Architektur, denn *durch nichts wird Ziel und Sinn unserer Arbeit mehr erschlossen als durch das tiefe Wort von St. Augustin: ›Das Schöne ist der Glanz des Wahren!‹.*[21] Mies sucht die Wahrheit in der Konstruktion. Sie ist es, die den verschiedenen Epochen ihren Ausdruck gab. Nur *[...] ein Verhältnis, welches das innerste Wesen der Zeit berührt, ist wirklich. Ich nenne dieses Verhältnis ein Wahrheits-Verhältnis. Wahrheit im Sinne von Thomas von Aquin: als Adaequatio intellectus et rei, als Gleichheit von Gedanke und Sache. Oder wie ein Philosoph sich in der heutigen Sprache ausdrücken würde: Wahrheit bedeutet Tatsachen.* Wie bei der gotischen Kathedrale lediglich das Konstruktionsgerippe das Innen und Außen der Wände und somit den Ausdruck des Gesamtwerks bestimmt, so versucht es Mies bei den IIT-Bauten mit deren Konstruktion und den Materialien unserer Zeit, Stahlrahmen und -stützen, Glasflächen und Backsteinfeldern. *Spinoza hat uns gelehrt, daß die großen Dinge nie einfach sind. Sie sind so schwierig, wie sie selten sind.*[22] Es sollte für Mies eine wahre Herausforderung werden, seine protagonistischen Theorien seit »G«[23] in die Praxis umzusetzen, was weniger am *Minerals and Metal Research Building* (1942–1943) ersichtlich ist als an der *Alumni Memorial Hall*.

Das Sockelgeschoss des Minerals and Metal Research Building besteht aus einer etwa 2,45 m hohen Backsteinwand, die bei genauerem Studium der Ausführungspläne allerdings nicht tragende, sondern kleidende Funktion hat. Lediglich die Seitenwände

20 Ludwig Mies van der Rohe, *Antrittsrede* (wie Anm. 11).
21 Ibid.
22 Ludwig Mies van der Rohe, *Wohin gehen wir nun?* In: Bauen und Wohnen, (15) 1960, H. 11, S. 391.
23 Mies war in dieser Zeitschrift als Autor und als Herausgeber vertreten.

IIT Campus, Alumni Memorial Hall.

mit ihrem mittels Backstein ausgefülltem Stahlskelett zeugen von der Konstruktion und dem Organismus der inneren Raumaufteilung. Das Minerals Building als erster Campusbau von Mies stellt im Vergleich zu den anderen Campusgebäuden weder ein Meisterwerk dar, noch den perfektionierten IIT-Typus. Ganz anders ist es um die Alumni Memorial Hall (1945/1946) bestellt, deren Ecken noch bedeutender sind als der gesamte Baukörper als Ganzes. Mies führt den Beweis, dass das Stahlskelett das Gestalt bildende Element des Gebäudes sei, überaus kompliziert, offenbart aber gleichzeitig, wie dogmatisch er an der ehrlichen Struktur festzuhalten versucht:

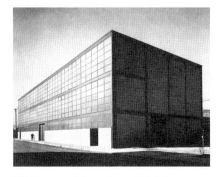

IIT Campus, Minerals and Metal Research Building.

Durch Brandschutzmaßnahmen konnten die breiten Eckflansche nicht offen freigelegt, sondern mussten von einem Betonmantel umfüllt werden. Damit zumindest das *Bild* der Konstruktion den Ausdruck des Gebäudes bestimmen kann, wie seinerzeit am Hochhaus in der Friedrichstraße, lässt Mies an die den Betonmantel umfassenden Stahlplatten zwei Doppel-T-Träger mit einer kleinen Fuge zum Backstein anschweißen, um ein unsauberes Zusammenstoßen der beiden Materialien zu verhindern. Man nimmt an dieser Ecklösung somit nicht tragende, sondern kleidende Stahlträger wahr. Mies scheint sich der Verwurzelung seiner Architektur so sicher gewesen zu sein, dass er die Rationalität in ihr irrationales Extrem weitertreiben konnte. Dessen ungeachtet bleibt die Eckgestaltung ehrlich: Um nämlich zu verdeutlichen, dass das, was man wahrnimmt, nicht die wahre Konstruktion sein kann, lässt Mies die die Stützen verdeckenden Stahlplatten und Doppel-T-Träger kurz über dem Erdboden enden, wiederum mit einer kleinen Fuge zu den darunter liegenden Schichten Backstein.

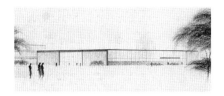

IIT Campus, Library and Administration Building, Projekt, 1942/43.

Eine wesentlich einfachere Beweisführung gelingt Mies mit dem Projekt, das mit seinen Ausmaßen an seine letzten großen, gar monumentalen Entwürfe in Deutschland wie der *Deutsche Pavillon* für die Brüsseler Weltausstellung von 1934 oder das *Reichsbank-Projekt* erinnert. Das *Library and Administration Building* (1942/1943) wäre der erste realisierte öffentliche Bau von Mies gewesen, hätten nicht andere Gebäude, die sich zu Zeiten des Zweiten Weltkrieges mit Technik oder kriegswichtiger Technologie befassten, höhere Priorität genossen. Trotz der enormen Ausmaße von 192 x 312 x 30 Fuß (etwa 58,50 x 95,10 x 9,15 m) ist dieser Bau formal eingeschossig; deshalb erlaubten die Brandschutzbestimmungen diesmal die Verwendung von unverkleidetem Stahl. So setzte Mies nun alles daran, die konstruktive

IIT Campus, Ecke der Alumni Memorial Hall, 1947.

VON DER ELEMENTAREN GESTALTUNG ZUR KONSTRUKTION

Struktur als den bestimmenden Faktor offen zu legen, – Stahlstützen, Backsteinfelder. Endlich sollte die Konstruktion *an sich* die Gestalt des Gebäudes bestimmen; hier genügte das Bild nicht mehr. Es ist das Konstruktionsgerippe selbst, das dem Gebäude seine Gestalt verleiht, analog zur gotischen Kathedrale. Für Philip Johnson hätte dieser Flügel nach seiner Fertigstellung *zweifellos einen der eindrucksvollsten umbauten Räume in der Geschichte der modernen Architektur* dargestellt. *Mies hat darin Berlages Theorie von der strukturellen Ehrlichkeit logisch zu Ende gedacht.*[24]

Mies hatte in Deutschland eine vielfältige Palette exemplarischer Ideen seiner elementaren Gestaltung formuliert und war am Campus des IIT in der Lage, sie weiterzuentwickeln und teilweise zu realisieren. Im Unterschied zu den anderen Werken, die er in seinem zweiten Lebensabschnitt bauen wird, sind die IIT-Bauten die einzigen, in denen er noch den Backstein im großen Maßstab verwendet. Im Übrigen war er ohnehin fast der einzige moderne Architekt, der mit Backstein arbeitete. Die meisten modernen Kollegen wie auch Gropius hatten ästhetische Vorstellungen von Maschinen propagiert, Maschinen zum Wohnen oder Arbeiten, und benutzten glatt geputzte Flächen, um die Gebäude regelrecht zu entmaterialisieren. Der Backstein erinnerte sie wohl zu sehr an Handarbeit, was Mies mit anderen Augen sah: *Architektur beginnt, wenn zwei Backsteine sorgfältig zusammengesetzt werden. Architektur ist eine Sprache mit der Disziplin einer Grammatik, man kann Sprache im Alltag als Prosa benutzen, und wenn man sehr gut ist, kann man ein Dichter sein.* So dichtete Mies seinen architektonischen Roman weiter und realisierte auch seinen einzigen religiösen Bau, die *IIT Chapel of Saint Saviour* (1949–1952).

Ohne die Bezeichnung »Kapelle« wäre wohl kaum ersichtlich, welche Funktion dieser Bau Inne hat. Wie mit den anderen IIT-Gebäuden, Forschungslaboren, Verwaltungs-, Wohn-, Seminar-/Unterrichts- oder Bibliotheksbauten verhält es sich auch bei der Kapelle. Auch sie besteht aus einem Stahlgerüst, das mittels Backsteinfeldern und Glasscheiben ausgefüllt ist. *Es ist natürlich weder notwendig noch möglich, jeden Montagmorgen eine neue Architektur zu erfinden.*[25]

82-jährig wünschte sich Mies, eine Kathedrale zu bauen, doch dazu sollte es nicht mehr kommen. Prinzipiell hätte er sie wohl nicht anders als die IIT-Kapelle errichtet, wie seine damalige Beschreibung zur Chapel Saint Saviour vermuten lässt: *The chapel will not grow old […], it is of noble character, constructed of good materials, and has beautiful proportions […]. It is done as things should*

24 Philip Johnson, ibid. S. 138.
25 Ludwig Mies van der Rohe, *Wohin gehen wir nun?*, ibid S. 391.

Die Kapelle St. Savior.

be done today, taking advantage of our technological means. The men who did the Gothic churches achieved the best they could do with their means. […] I would not have built the chapel differently if I had had a million dollars to do it.[26]

Meine sehr verehrten Damen und Herren.
Der Versuch, die Baukunst von der Form her zu erneuern, ist gescheitert. […] Jener heroische Aufstand höchst begabter Männer an der Jahrhundertwende hatte das Zeitmaß einer Mode. Formen zu erfinden ist offenbar nicht die Aufgabe der Baukunst. Baukunst ist mehr und anderes. Jenes herrliche Wort schon macht es klar, dass der Bau ihr wesentlicher Inhalt ist und Kunst dessen Vollendung bedeutet. […] Die Konstruktion aber, dieser treue Behüter des Zeitgeistes, hatte sich aller Willkür versagt und eine objektive Grundlage für eine neue Entwicklung geschaffen. […] Die wenigen echten Bauten unserer Zeit zeigen die Konstruktion als baulichen Bestandteil. Bau und Sinn sind eins. […] Die Konstruktion bestimmt nicht nur ihre Form, sondern ist die Form selbst. Wo echte Konstruktion auf einen echten Inhalt trifft, da entstehen auch echte Werke; Werke, echt und wesensgemäß. Und die sind notwendig.[27]

»Echte Werke« bedürfen einer »echten Konstruktion« und aus dieser heraus soll sich die Form des Bauwerks entwickeln. Wie der Begriff »Baukunst« besagt, stellt ihr inneres Wesen der Bau,

Der universale Raum

26 Ludwig Mies van der Rohe, *A Chapel. Illinois Institute of Technology*, In: ›Arts and Architecture‹, (70) 1953, H. 1, S. 18 und 19.
27 Ludwig Mies van der Rohe, *Vortrag*, Chicago, Anlass und Datum nicht bekannt. 19 Blatt unveröffentlichtes Vortragsmanuskript, in: LoC. Deckblattaufschrift: »Manuscript of one important address Mies gave here in german«, hier Auszüge aus Blatt 01, 03 und 04.

also das Konstrukt dar. Erst durch die Vollendung dessen kann es sich in die Sphäre der Kunst erheben. Es ist aber keine Kunst schwerer zu reformieren als die Baukunst, *weil in keiner Kunst die Formgebung zwingender von der Materie bestimmt wird.* In kaum einer anderen künstlerischen Gattung blieben Jahrhunderte lang mehr *äußerliche Formtraditionen* erhalten als in der Baukunst.²⁸ Ein Bauwerk ohne Konstruktion ist nicht einmal denkbar.

Jedes Gebäude verlangt eine Konstruktion. Bereits Vitruv berichtet von der Trias *firmitas* (Konstruktion), *utilitas* (Funktion) und *venustas* (Anmut), welche jede gleichwertig auszuführen ist.²⁹ Baukunst bedeutet demnach, aus festen Stoffen ein brauchbares und ansehnliches Bauwerk zu errichten. Fehlte eine der drei Zutaten, wäre wohl keine *Bau*-Kunst zu schaffen. Wenn sie aber *möglich* wäre, wäre sie dann auch *notwendig*? Im Sinne der Mies'schen Lehre erübrigt sich die Frage nach dem Sinn. Mies fordert die Entwicklung der *venustas* aus der *firmitas* heraus, sodass die »echten Werke; Werke, echt und wesensgemäss« entstehen können. Alles andere ist Formalismus.³⁰

*Renaissance baute auf Gotik, Gotik auf Romanisch, Romanisch auf Byzantinisch, usw., und was das eigentliche Wesen der Baukunst ausmacht, das gleichgewichtige Kräftespiel von Stütze und Last, von Zug und Druck, von Aktion und Reaktion, kam im Laufe der Zeiten niemals rein zur Darstellung, sondern stets umschleiert, von phantastischer Verkleidung umhüllt.*³¹ Heute werden nahezu alle Bauwerke mittels einer Stahlkonstruktion ausgeführt, doch wann tritt sie schon als Gestalt gebende Charakteristik in den Vordergrund? Die Konstruktion ist mehr Ausdruck der Baukunst einer Zeit als alles andere, und wenn man »*die mammuthafte Schwere römischer Aquädukte mit den spinnedünnen Kraftsystemen neuzeitlicher Eisenkrane, die massigen Gewölbekonstruktionen mit der schnittigen Leichtigkeit neuer Eisenbetonbauten* [vergleicht], *so ahnt man, wie sehr sich Form und Ausdruck unserer Bauten von denen früherer Zeit unterscheiden werden.*«³²

Zweifellos muss die Innenansicht der *Martin Bomber Plant* bei Baltimore des Architekten Albert Kahn einen bleibenden Eindruck bei Mies hinterlassen haben. Dieser riesige, stützenfreie Raum, der seinen Ausdruck allein aus seinem »spinnedünnen Kraftsystem« gewinnt, ist unmissverständlich ein Gebäude der gegenwärtigen Epoche von Industrie und Technik. Mies war offensichtlich fasziniert von der Idee, in diese Halle einen Konzertsaal einzubauen – wohl wissend, dass dies nicht nur akustische Probleme mit sich bringen, sicher aber auch wohl wissend, was

28 Jacobus Johannes Pieter Oud: *Über die zukünftige Baukunst und ihre architektonischen Möglichkeiten* ,1921, in: J. J. P. Oud, *Holländische Architektur*. München 1926, Reprint Mainz/Berlin 1976, S. 63–76.
29 Marcus Vitruvius, *De Architectura Libri Decem* »Zehn Bücher über Architektur« hrsg. v. Curt Fensterbusch, Neuauflage, Darmstadt 1987.
30 Ludwig Mies van der Rohe, *Bürohaus*, in: ›G‹ Nr. 1, Juli 1923, S. 3: »Jede ästhetische Spekulation, jede Doktrin und jeden Formalismus l e h n e n w i r a b.«.
31 Jacobus Johannes Pieter Oud, ibid.
32 Ludwig Mies van der Rohe, *Baukunst und Zeitwille*! In: »Der Querschnitt«, (4) 1924, H.1, S. 31 f.

für Qualitäten ein solcher Raum haben würde. Im Nachhinein stellt sich das Konzertsaal-Projekt (1942/1943) als das Richtfest für ein Gedankengebäude dar, das sich in Mies' Werk bedeutungsgleich als das amerikanische Pendant zum Hochhaus in der Friedrichstrasse messen lassen kann.

Der Entwurf entstand 1942 aus einer Studie von Paul Campagna. Mittels seiner typischen Art der Collage entwirft Mies den Konzertsaal in Kahns Halle, indem er einige horizontale und vertikale Flächen einfügt. Der fließende Raum zeugt vom Raumkontinuum der europäischen Zeit und zeigt sich durch horizontale (Wand-) Scheiben weiterentwickelt. Mit seinen enormen Ausmaßen verweist das Projekt andererseits schon auf Mies' spätere amerikanische Werke. Sein Hauptaugenmerk lag auf dem (universalen) Raum. Jene vom Werkbund geforderte Verbindung von Architektur und Industrie nahm damals in Chicago am deutlichsten Gestalt an.

Die vorhandene Kahn-Konstruktion wird gleichsam benutzt, um von ihr eine Decke abzuhängen. Somit ist das Raumkontinuum auch vertikal zu lesen, zwischen Flächen von schwebender Leichtigkeit. Mies zeigte sich von der Idee beeindruckt, Deckenscheiben an einer Konstruktion aufzuhängen, um damit einen stützenfreien, universal nutzbaren Raum zu gewinnen. Bereits in einer Skizze zum Entwurf für ein Museum einer kleinen Stadt, um den er von der Zeitschrift »The Architectural Forum« im gleichen Jahr gebeten wurde, benutzt er diese Bauweise, um damit im Inneren des Museums Platz für einen großen, stützenfreien Vortragsraum zu schaffen. Die beiden großen Stahlbinder auf der rechten Seite deuten in der Skizze von 1942 unverkennbar darauf hin. Die Entwicklung dieser Bauweise wird zeigen, dass die beiden amerikanischen Entwürfe aus den frühen Vierziegern in ihrer Bedeutung Mies' fünf deutschen Entwürfen von 1921 bis 1925 entsprechen.

Der erste frei überspannte Raum, dessen Grundidee unmittelbar vom Konzertsaal in Kahns Flugzeughalle herrührt, ist das *Cantor Drive In Restaurant* in Indianapolis (1945). So klar traten konstruktive Elemente wie Stützen und vor allem das überspannende Fachwerk (abgesehen von Industriebauten) noch nie in den Vordergrund. Bei diesem Prototypen wirkt die Konstruktion durch das Verhältnis zwischen den 4,10 m hohen Bindern, dem Innenraum mit einer lichten Höhe von 4,50 m und der Spannweite von über 46 m noch sehr dramatisch. Dies soll sich mit den drei nächsten stützenfreien Universalräumen, dem *National-*

Cantor-Drive-In-Restaurant, Indianapolis (Modell).

theater Mannheim (1952/1953), der *Convention Hall* (1953/1954), sowie der *Crown Hall* (1950–1956) ändern.

Der Wettbewerbsbeitrag von Mies zum Nationaltheater in Mannheim sieht einen prismatischen Glaskörper mit den enormen Seitenlängen von etwa 80 x 160 m und einer Höhe von 12 Metern vor, welcher an sieben gewaltigen Stahltragwerken vier Meter über dem Boden aufgehängt werden sollte. Die Höhe der Fachwerkträger entspricht in ihrem enormen Ausmaß der Höhe eines dreigeschossigen Hauses. Der Begriff Struktur schreit regelrecht aus diesem Bauwerk; er will und kann nicht überhört werden. Das Theater an sich befindet sich in dieser Halle. Im Unterschied zu seinen anderen Universalräumen hält Mies den Innenraum hier nicht frei. *Ich gelangte zu der Überzeugung, dass die beste Art, diesen komplexen räumlichen Organismus einzuschließen, die wäre, ihn mit einer riesigen stützenfreien Halle aus Stahl und farbigem Glas zu überdecken, das heißt, das ganze Theater in eine solche Halle hineinzustellen.*[33]

Diese Beschreibung hätte auch dem Konzertsaal-Projekt in Albert Kahns Flugzeughalle gelten können, denn auch dort stellte Mies einen räumlichen Organismus in eine bereits vorhandene Halle. In beiden Projekten spielt der Raum offensichtlich die primäre Rolle, die Funktion die sekundäre-, die Kausalität verlangt

33 Ludwig Mies van der Rohe, *A Proposed National Theatre for the City of Mannheim*, Arts and Architecture, (70) Oktober 1953, S. 17 ff.

unmissverständlich zunächst den Raum, dann die Funktion. Das Hauptaugenmerk von Mies lag folglich auf der Entwicklung eines universalen Raums, und unter seinen freitragenden Strukturen bildet das Nationaltheater Mannheim die überzeugendste Darstellung dafür, wie flexibel der universale Raum genutzt werden kann.

Die Entwicklung hin zu immer größeren Strukturen fand in Mies' Schaffen ihren Höhepunkt in der *Convention Hall*, seinem öffentlichsten, unpersönlichsten und allgemeingültigsten Projekt. Dem South Side Planning Board of Chicago schien Mies der perfekte Architekt zu sein. Ein Universalraum sollte den vielseitigsten Zwecken wie Parteitagen, Tanzveranstaltungen, Kongressen, Messen, Sportwettkämpfen und dergleichen dienen. Dazu entwirft Mies einen Raum, der mittels einer Konstruktion aus 36 cm breiten, sich in beide Richtungen im Abstand von über neun Metern kreuzenden Stahlträgern überspannt wird. In der riesigen Halle mit den gigantischen Außenmaßen von fast 220 x 220 m und einer Höhe von 33,5 m (lichte Höhe Innenraum fast 26 m) hätten bestuhlt 50.000 Menschen Platz gefunden.

Jegliche Erinnerungen an frühere Zeiten schienen vergessen zu sein: Die asymmetrische Anordnung wurde zugunsten einer

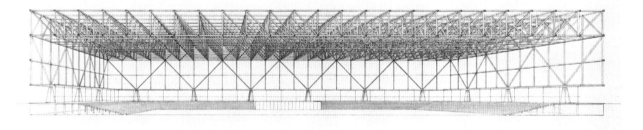

Convention Hall, Chicago, 1953/54.

Crown Hall, 1950–56 (Modell).

streng axialen Symmetrie aufgegeben, das Rechteck verlor seine Gültigkeit und wurde durch das allgemeingültigere Quadrat ersetzt. Lediglich die Sicherstellung der Geschlossenheit einer Veranstaltung mittels frei beweglicher Raumteiler erinnerte noch an das Mies'sche Raumkontinuum.

Die Convention Hall ist ein kompromissloser Bau. Mies vereinfacht die Konstruktion nicht durch Hinzufügen einiger Stützen in großen Abständen, so sehr ist er von der Idee des universell nutzbaren Raums überzeugt. Letztlich blieb das Projekt aber auf dem Papier. Knapp 20 Jahre später, 1971, baute Mies' ehemaliger Student und Mitarbeiter Gene Summers ein Convention Center für Chicago mit einem Stützenraster von etwa 46 m. 1967 hatte Mies Summers' angebotene Partnerschaft für das Projekt in dieser Form mit deutlichen Worten abgelehnt: *Selbst wenn es der Parthenon wäre, würde ich es nicht machen.*[34]

Zeitgleich mit dem Nationaltheater und der Convention Hall entsteht die *Crown Hall* auf dem Campus des IIT (1950–56), und unter pragmatischen Aspekten gesehen ist es das wichtigste Gebäude von Mies in Amerika. Die Schule, an der er mit eigenem Lehrplan lehrte, sollte nun auch durch ein neues Gebäude für die Architekturfakultät bereichert werden. Im Nachhinein war sich Mies sicher, dass dies *die klarste Struktur [war], die wir geschaffen haben, die am besten unsere Philosophie ausdrückt.*[35]

Es handelte sich um eine Struktur, in der Baumeister, Poliere, Arbeiter und Lehrlinge gemeinsam lernen, und sie entsprach der gemeinsamen Richtung und Werten, die Mies immer anzustreben versuchte. Mit Ausmaßen von 120 x 220 Fuß (etwa 36,30 x 67 m) und einer Höhe von 18 Fuß (etwa 5,50 m) ist dieser Glaskasten etwa 1,85 m über dem Boden an vier Stahlbindern aufgehängt. Er stellt den größten Innenraum dar, den Mies jemals verwirklichen wird. Die Gestalt gebende Kraft resultiert aus der Konstruktion, und im Gegensatz zur Ecklösung der Alumni Memorial Hall wird das sogar jedem Laien deutlich klar. Selbst auf Fachwerke verzichtete Mies zu Gunsten der klaren Stahlträger. In der Mitte des Innenraumes sah er zwei nicht tragende Versorgungsschächte als Raum teilende Elemente vor; sie reichten natürlich nicht aus, um die einzelnen Klassen akustisch voneinander zu trennen. Auch was die Kälte betrifft, die im Winter ins Innere der Halle dringt, störte Mies dieser Mangel nicht – die Wärme des Geistes schien sie mühelos zu verdrängen.

Die regelmäßige Anordnung der Stützen und der zentral angelegte Treppenaufgang der Crown Hall können den Eingeweih-

---

34 Gene Summers im Gespräch mit Franz Schulze, 2. März 1981, Schulze ibid. S. 313.
35 Ludwig Mies van der Rohe, zitiert nach Donald Hoffmann, Kansas City Times, 17. Juli 1963, Schulze ibid. S. 272.

ten an Schinkels Altes Museum in Berlin erinnern, von dem man *alles in der Architektur lernen* [kann]- *ich habe das versucht.*[36] Seitenverhältnisse der Grund- und Aufrisse, die symmetrische Anordnung des Baukörpers, die Freitreppe, der Sockel, die hervortretenden Stahlprofile, sowie der quadratische Dachaufsatz entsprechen auffallend Mies' großem Lehrmeister.[37] *Dieser Bau ist der Ausdruck für den Wunsch Mies', nicht so sehr einen individuellen Entwurf als eine selbstverständliche Aussage für unsere Zeit zu schaffen.*[38] Die Architektur-Ausbildung in der Crown Hall zeigt sicher, was aus dem *Bauhaus* noch hätte werden können.

Das von László Moholy-Nagy 1937 in Chicago gegründete *New Bauhaus* wurde die unmittelbare Nachfolgeschule des 1933 unter nationalsozialistischem Druck aufgelösten Bauhauses. Nach Ansicht von Mies war jedoch Moholy-Nagys Ansatz des Lehrplans, durch ein Experimentieren mit Materialien, Techniken und Formen die gestalterischen Fähigkeiten der Studierenden freizusetzen, ein *Experiment um der Experimente Willen*. Als 1938 aus dem *New Bauhaus* die *School Of Design* hervorging, die sich seit 1944 *Institute of Design* nannte und sich mit dem IIT zusammenschloss, verlagerte Mies als leitender Direktor das *Institute of Design* einfach in den Keller der Crown Hall.

Mies erfand nicht neue Architekturen, vielmehr entwickelte er seine Archetypen beständig weiter, um Lösungen zu erhalten, die

Mies beim Studium eines Modellausschnitts der Convention Hall.

Crown Hall, Innenraum.

36 Max Stemshorn, *Mies & Schinkel*, Diss., Stuttgart 2000.
37 Stemshorn Ibid. S. 89 ff.
38 Philip Johnson, ibid. S. 200.

so grundlegend waren, dass er sie bis zur logischen Vervollkommnung treiben konnte, anwendbar auf eine Vielzahl von Funktionen. Mehrfach wurde Mies kritisiert, seine Architektur bestünde aus Wiederholungen. Dazu nahm er jedoch nie direkt Stellung: *Jeder meiner Bauten war ein weiterer Schritt in dem Prozeß meines eigenen Suchens nach Klarheit.*[39] Anhand der Entwicklung von der Konzerthallen-Collage zur Crown Hall ist zu lernen, wie man von einer geistigen Idee zur *klarsten Struktur* vordringen kann, sofern man beständig nach ihr sucht.

Bekanntermaßen verspürte Mies großen Widerwillen gegen das Verfassen von Texten, die länger waren als eine halbe Seite. Umso auffälliger ist es, wie beständig er seinen Briefwechsel mit Lilly Reich führte, die ihm über die Familie und die Lage in Deutschland berichtete (in weniger als einem Jahr waren es 22 Briefe). Dennoch sollte ihre Beziehung im Sommer 1940 enden. Im gleichen Jahr lernte Mies auf einer Silvesterparty in Chicago Lora Marx kennen, eine kürzlich geschiedene, schlanke, schöne und vierzehn Jahre Jüngere, von der er – Berichten zufolge[40] – sichtlich hingerissen war. Diese Beziehung sollte von da an für immer halten; abgesehen von einer kurzen Unterbrechung im Jahre 1947, als Lora erkannte, dass sie Alkoholikerin wurde und das Problem in Griff bekommen musste. Überhaupt waren die Vierziger sehr stürmisch, auch Mies' Leben war in diesem Jahrzehnt ein vom Alkohol getränktes: *Mies trank, und Lora trank. Die Studenten am IIT tranken, ebenso wie Architekten und Künstler, Amerikaner und Europäer, Ansässige, Besucher und Fremde.*[41] Partys wurden gefeiert, man saß in Ruinen und Stripteasebars bis spät in die Morgenstunden.

1947 organisierte Philip Johnson im MoMA in New York die umfassende Retrospektive von Mies' Arbeiten. Es lag ihm sehr daran, *dies zur wichtigsten Ausstellung zu machen, die die Abteilung je veranstaltet hat*[42]. In der Tat zog die Ausstellung viele gestandene Architekten und Designer sowie die breite, kunstinteressierte Öffentlichkeit an. Auch Frank Lloyd Wright erwies Mies die Ehre und wusste wieder genau, wie er sich selbst in den Mittelpunkt dieses kulturellen Highlights setzen konnte: Er kommentierte die Ausstellung mit der provokanten Anmerkung *Viel Lärm um fast nichts*[43], doch Mies schien dadurch keineswegs gekränkt, war doch *fast nichts* ohnehin seine Devise. Dennoch sollte seither das gegenseitige Interesse der beiden Männer sich abkühlen, bis nach längerem Schweigen selbst die Höflichkeit schwand.

39 Ludwig Mies van der Rohe, *Baukunst unserer Zeit (Meine berufliche Laufbahn)*, Vorwort zu: Werner Blaser (wie Anm. 11), S. 5 und 6.
40 Katharine Kuh im Juli 1979 und Lora Marx am 23. Februar 1981 im Gespräch mit Franz Schulze, Schulze ibid. S. 243.
41 Franz Schulze (wie Anm. 2), S. 243.
42 Philip Johnson, *Brief an Mies*, 20. Dezember 1946, Mies-van-der-Rohe-Archiv, Schulze ibid. S. 245.
43 Frank Lloyd Wright, *Brief an Mies*, 27. Oktober 1947, Mies-van-der-Rohe-Archiv, Schulze ibid. S. 246.

Öffentlichkeit und Fachpresse indessen feierten Mies als wahren Prometheus der Moderne und etablierten ihn als großen Architekten und Theoretiker. Vor allem letzteren, denn die Mehrzahl der ausgestellten Projekte stammte aus der Berliner Zeit. Als die Ausstellung stattfand, waren erst drei der IIT-Bauten fertiggestellt, Mies konnte also bis dahin in Amerika kaum praktische Erfahrung im Bauen mit Stahl und Glas sammeln. Diese Zeit endete mit der Bekanntschaft zu einem 31 Jahre jüngeren jüdischen Religionswissenschaftler, der sich mit der Erschließung von Grundstücken befasste und eine Reihe von Wohnhochhäusern bauen wollte.

Der städtische Block

Herbert Greenwald war 29, als der 60-jährige Mies ihn kennen lernte. Er versetzte Mies in die Lage, seine Architektur in großem Umfang verwirklichen zu können. Insgesamt baute Mies sechs von seinen vierzehn zwischen 1948 und 1969 in Chicago entstandenen Wohnhochhäusern für Greenwald. Die an praktischen Bauaufgaben reiche Zeit beginnt mit dem Auftrag für die *Promontory Apartments* (1946–1949). Die 22-stöckigen Häuser waren aus Stahl und Glas geplant, aufgrund der nachkriegsbedingten Stahlknappheit mussten sie jedoch in Stahlbeton ausgeführt werden. Außer einer leicht zu lesenden Handschrift von Mies wie hinter die Stützen zurückgesetzte Fenster über den Backsteinfeldern zei-

Herbert Greenwald und Mies, um 1955.

VON DER ELEMENTAREN GESTALTUNG ZUR KONSTRUKTION 73

860–880 Lake Shore Drive Apartments, Rohbau.

44 Ludwig Mies van der Rohe, *Hochhäuser*, ohne Titel erschienen in: »Frühlicht«, 1. 1922, H. 4, S. 122ff.
45 Mies van der Rohe, zit. nach David Spaeth, *Mies van der Rohe, Architekt der technischen Perfektion*, Deutsche Verlags-Anstalt, Stuttgart, S. 117.

gen sie wenig Besonderheiten. Ein Durchbruch gelingt ihm erst mit dem zweiten Greenwald-Projekt.

Seit Bruno Tauts Glashaus auf der Kölner Werkbund-Ausstellung sind 37 Jahre vergangen und 30 seit dem Hochhaus in der Friedrichstraße, als Mies an den *860–880 Lake Shore Drive Apartments* (1948–1951) arbeitet. *Nur im Bau befindliche Wolkenkratzer zeigen die kühnen konstruktiven Gedanken und überwältigend ist dann der Eindruck der hochragenden Stahlskelette. Mit der Ausmauerung der Fronten wird dieser Eindruck vollständig zerstört, der konstruktive Gedanke, die notwendige Grundlage für die künstlerische Gestaltung vernichtet und meist von einem sinnlosen und trivialen Formenwust überwuchert [...].*⁴⁴ Mit diesen Worten hatte Mies sein Hochhaus in der Friedrichstraße von 1922 beschrieben, knapp drei Jahrzehnte später nimmt sein Plan physische Gestalt an. Der Rohbau ist gleichsam Schmuck genug und bedarf keiner zusätzlichen Ornamentik oder übergeworfener »Formtradition«, wie Oud es formulieren würde. Die *Stahl*-Konstruktion gibt dem Baukörper und seinen einzelnen Gliedern ihren Ausdruck. Das *Glas* macht aus dem stählernen Rohbau einen Baukörper. Mit den Materialien unserer Zeit schafft Mies eine Baukunst unserer Zeit.

Wie die Fenster sind auch die jeweiligen Außenträger und Abschlüsse der Decken flächengleich ausgebildet. Dies bewegte Mies zu einem wahrlich revolutionären Schritt: *Zuerst sage ich Ihnen den wirklichen Grund für diese Sprossen, und dann sage ich Ihnen noch einen guten Grund, der für sich spricht. Es war sehr wichtig, den Rhythmus zu erhalten und fortzuführen, den die Sprossen für das ganze Gebäude bestimmen. Wir schauten uns das an Modell an, als die Stahlprofile nicht an den Eckstützen befestigt waren, und es sah nicht richtig aus. Das ist der wirkliche Grund. Der andere Grund ist der, dass wir das Stahlprofil brauchten, um die Plattenverkleidung der Eckstützen zu versteifen, damit sie sich nicht verformte, und außerdem brauchten wir es zu Verstärkung, als die Profile an Ort und Stelle gehievt wurden. Das war natürlich ein sehr guter Grund aber das andere ist der wirkliche Grund.*⁴⁵

An den Fensterprofilen wie an den Stützen ließ Mies von außen Doppel-T-Profile anbringen. Das Stahlprofil, das wie kaum ein zweiter Baustoff aus dem Zeitalter der Industrie entstand, ist sicher eines der zweckmäßigsten Elemente unserer Epoche von Industrie und Technik. Weil seine Wohntürme sonst *nicht richtig* ausgesehen hätten, dekorierte Mies die Fassade und benutzte dazu das Profil schlicht als Ornament. Gewiss waren seine Anhänger zunächst überaus überrascht, hatten sie in Mies doch den reinsten aller Funktionalisten gesehen. *Und das mag der Grund sein, warum manche Leute überzeugt sind, daß die Architektur durch die Technik überholt und ersetzt werden wird. Eine solche Überzeugung beruht nicht auf klarem Denken. Das Gegenteil geschieht. Wo immer die Technik ihre wirkliche Erfüllung findet, dort erhebt sie sich in die Sphäre der Architektur. Es ist richtig, daß die Architektur von Fakten abhängig ist, aber ihr eigentliches Wirkungsfeld liegt im Bereich des Ausdrucks [...]. Architektur ist der echte Kampfplatz des Geistes.*[46]

Mit dem Bau der *860–880* entstand ein Prototyp, der nicht nur in Mies' eigenen unzähligen Variationen in Amerika zu finden ist, sondern weltweit in guten und schlechten Ausführungen anderer Architekten. Ein Bautyp war gefunden, und er sollte selbst zu Zeiten der großen Rebellion gegen Mies und die gesamte Moderne für Jahrzehnte ganze Stadtbilder bestimmen. Das Baumaterial Stahl machte Mies indessen zum amerikanischsten Architekten. Ökonomisch und vorfabriziert glichen seine *Bau*-Stellen der amerikanischen Monolithen aus Stahl und Glas mehr *Montage*-Stellen und ermöglichten günstige Quadratmeterpreise. Zuzüglich der Kosten für die zentral gesteuerte Klimaanlage kam Greenwald mit den *860–880* auf geringe 112 Dollar pro Quadratmeter, sodass Ästheten und Wirtschaftsleute gleichermaßen die beiden Türme feierten. Das Verhältnis Greenwald/Mies blühte regelrecht auf, weitere Aufträge folgten. Wegen der aus dem Krieg zurückkommenden Studenten stockte Mies damals nicht nur das IIT, sondern auch sein Büro personell auf.

860–880 Lake Shore Drive Apartments, 1948–1951.

Er kaufte sich selbst zwei Appartements in den *860–880*, bezog sie aber nie, um mögliche Wehleiden anderer Mieter nicht hören zu müssen. Auf die Frage eines Besuchers, warum er sich nicht ein eigenes Haus baue, antwortete Mies, er könne dann seine Klees und Schwitters' nicht an den Glaswänden seiner Architektur aufhängen – auf diesen Fakt wird er später bei der Neuen Nationalgalerie in Berlin noch zu sprechen kommen.

Seine praktische Hauptbeschäftigung bestand in den folgenden Jahren im Bau von Wohnhochhäusern. Bereits ein Jahr nach Fertigstellung der *860–800* entstehen die ebenfalls von Greenwald in Auftrag gegebenen beiden Wohnanlagen *Esplanade 900* und die *Commonwealth Promenade Apartments*. Gemeinsamkeiten sind augenscheinlicher als die Unterschiede: Es handelt sich um glatte, rechteckige Quader aus Stahl und Glas, sämtliche Fenster sind hochformatig und reichen vom Boden bis zur Decke, die Technik (Aufzüge, Treppen, Schächte) liegt im Zentrum, damit die vollflächige Verglasung außen möglich ist; und das Erdge-

46 Ludwig Mies van der Rohe, *Technik und Architektur*, in: »Arts and Architecture«, (67) 1950, H.10, S. 30; übersetzt in: Ulrich Conrads (Hrsg.), *Programme und Manifeste zur Architektur des 20. Jahrhunderts*, Berlin 1964, S. 146.

Mies um 1950, Blick aus den *860-880*, im Hintergrund eines der Stahlprofile.

schoss ist hinter die Stützen zurückgenommen. Der wesentliche Unterschied jedoch besteht in der »Anatomie« der Architektur. (Theo van Doesburg hatte Mies einmal aufgrund seiner Haut- und Knochen-Architektur als einen anatomischen Architekten[47] bezeichnet).

Jetzt liegen Glashaut und Stahlknochen nicht mehr in einer Ebene, wie es bei den *860–880* noch der Fall war. Die Haut des Baukörpers befindet sich nunmehr wie beim menschlichen Körper nahtlos über dem Skelett. Der Abstand zwischen Fassade und Stützen verhindert nicht nur enorme Temperaturschwankungen im Inneren, sondern ermöglicht durch den gewonnenen Zwischenraum auch die einfache Verlegung der Steigleitungen von Heizungs- und Belüftungssystemen. Die so genannte *Curtain Wall* war vollendet. Sie fand nicht nur für alle weiteren Hochhausprojekte Verwendung und wurde zum Markenzeichen des ameri-

47 Johnson, ibid. S. 30.

kanischen Mies. Kaum ein Hochhaus weltweit wird heute noch ohne *Curtain Wall* realisiert. Auch wenn das Aussehen dieser vorgehängten Fassade überaus elegant, edel und strukturell wirkt, so ist sie doch keineswegs strukturell bedingt. Offensichtlich war sie nicht dazu da, die Konstruktion zu zeigen. Das Verkleiden des Gebäudes mit einer Schürze lasen Kritiker als Kapitulation der strukturellen Wahrheit. *Eine mehr technische Lösung*[48] versuchte Mies anzustreben und entwickelte die *Curtain Wall* immer weiter in seinen Wohnhochhäusern wie den Esplanade Apartment Buildings, den Commonwealth Promenade Apartments oder den *2400 Lakeview Apartments*, um nur einige zu nennen. Die *Curtain Wall*s selbst waren wie der Rohbau der *860–880* flächengleich ausgebildet, sodass Mies für das *richtige Aussehen* die Stahlprofile auch auf diesen anbringen ließ.

Der letzte für Greenwald angefertigte Entwurf und das einzige Projekt, an dem Ludwig Hilberseimer und Mies gemeinsam arbeiteten, ist *Lafayette Park* (1955–1963). Er sollte zum Lieblingsplan Hilberseimers werden, dessen städtebaulichen Visionen von Le Corbusiers Plan Voisin beeinflusst waren: Etwa 1 km außerhalb des Chicagoer Zentrums wurde städtischer Wohnraum entwickelt, indem man heruntergekommene Viertel zu Gunsten luftiger, Sonnen beschienener Wiesen abriss. Auf diesen waren Apartmentbauten, Stadthäuser, Schulen und Gemeinschaftszentren geplant, die durch Ringstraßen oder unterirdische Zugangswege erschlossen werden sollten, um die Straßen des Gebiets von Autoverkehr freizuhalten. Die Bebauung besteht aus drei Typen: eingeschossige Reihenhäuser mit von Backstein umgebenden Gärten (Variationen der Hofhäuser aus den dreißiger Jahren), zweigeschossige Häuser mit großflächig verglasten Fassaden aus Stahl und Aluminium sowie drei Wohntürme mit jeweils 21 Geschossen, von denen die beiden letzten erst 1963 fertig gestellt wurden. Die städtebauliche Anordnung unterscheidet sich grundlegend von der auf dem IIT-Campus. Waren die Baukörper dort noch sehr symmetrisch angeordnet, entschied sich Mies hier für eine freiere Anordnung und möblierte die Stadt mit Häusern im Sinne Albertis.

Das Projekt war noch unvollendet, als Herbert Greenwald bei einem Flugzeugabsturz 1959 ums Leben kam. Die Arbeit wurde unterbrochen und später von anderen Immobiliengesellschaften weitergeführt, die mehr Interesse am finanziellen Unternehmen hatten als an modernem Städtebau.

48 Schulze, ibid. S. 255.

Der Büro-Superblock

Um 1950 näherte sich New York dem Höhepunkt des Baubooms seit den zwanziger Jahren. Großunternehmer ließen Hochhäuser bauen (meist in der typischen New Yorker Zikkuratform), die sich bereits bis zur exklusiven Park Avenue vordrängten. 1950 bis 1952 baute dort Gordon Bunshaft, Architekt bei SOM, das erste Bürohochhaus komplett aus Stahl und Glas; in vielerlei Hinsicht entspricht es den *860–880 Lake Shore Drive Apartments*. Das Lever House erbrachte den Beweis, dass die mittlerweile weit über die Grenzen Chicagos rezipierte Lösung von Mies auch als Bürohaus anwendbar war. Ab Ende der fünfziger Jahre resultieren daraus Mies' erste öffentliche Aufträge für Büro-Superblocks, wobei sich der erste in unmittelbarer Nachbarschaft zum Lever House befand und gleichzeitig der edelste werden sollte.

1954 ist Mies 68 Jahre alt. Samuel Bronfman, Präsident der Seagram-Corporation, kündigte an, zum 100jährigen Firmenjubiläum ein Hochhaus an der Park Avenue zu bauen, das sich deutlich von den unzähligen Hochhäusern abheben soll. Eigenartigerweise war es die Tochter Bronfmans, Phyllis Bronfman Lambert, die Einwände gegen den Vorschlag des kalifornischen Architekturbüros Pereira & Luckman geltend machte, weshalb ihr Vater sie mit der Suche nach einem neuen Architekten beauftragte. Von Philip Johnson, mittlerweile selbst Architektur bei Marcel Breuer in Harvard studiert und nun Leiter der Architekturabteilung am MoMA, wurden ihr Namen wie Gropius, Breuer, Harrison, Abramovitz, Howe, Lescaze, Saarinen, Kahn, Yamasaki, Pei, Wright, Corbusier und Mies zur Wahl genannt. *Mies erzwingt Aufmerksamkeit und tiefere Einlassung. Man könnte meinen, dass diese spartanische Kraft, diese hässliche Schönheit erschreckend streng sei.* Mrs. Lambert entschied sich noch im gleichen Monat beinahe mit Worten von Edmund Burke[49]: *Das ist richtig, aber gerade deshalb ist sie schön. Die jüngeren Männer der zweiten Generation ahmen Mies entweder nach, oder sie verleugnen ihn. Sie sprechen von neuen Formen, mit denen sie die Fassade durch Licht- und Schatteneffekte beleben wollen. Mies aber sagte: Form ist nicht das Ziel unserer Arbeit, nur das Ergebnis.*[50]

Nach Unterzeichnung des Vertrages zog Mies zur Unterstützung das alteingesessene New Yorker Büro Kahn & Jacobs sowie Philip Johnson hinzu. Wie im Büro verbrachte er auch in seinem Hotelzimmer zahllose Stunden mit Nachdenken. *Ich kann es kaum erwarten zu sehen, was Mies einfällt – er hat ein Pappmodell der Park Avenue zwischen der 46th und 57th Street anfertigen lassen, mit allen an der Avenue selbst sowie einigen an Nebenstraßen gelegenen*

---

49 Edmund Burke, *Philosophische Untersuchung über den Ursprung unserer Ideen vom Erhabenen und Schönen*, Berlin, 1956.
50 Phyllis Lambert, *How a Building Gets Built*, Vassar Alumnae Magazine, Februar 1959, S. 13, Schulze ibid. S. 280.

Bauten; außerdem hat er eine Anzahl verschiedener Hochhausmodelle, die er jeweils auf den leeren Platz der alten Nr. 375 [die Hausnummer an der Park Avenue] *stellt. Das Modell befindet sich auf einem hohen Tisch, dessen Platte dem Straßenniveau entspricht, so dass er es im Sitzen in Augenhöhe vor sich hat; er schaut dann stundenlang seine Park Avenue hinunter und probiert die verschiedenen Türme aus.*[51]

Es ist unüblich, dass sich moderne Architekten mit der Textur der Stadt befassen, vielmehr implantieren sie ihre Objekte mehr oder weniger kompromisslos in den Raum. Das Seagram Building von Mies dagegen ist eine vorbildliche *Collage* im Sinne von Colin Rowe[52]: Es nimmt nicht nur städtischen Raum ein, sondern schafft gleichzeitig einen, es ist gleichzeitig »space occupier« und »space definer«. Mies platzierte seinen Turm nicht – wie in New York üblich – direkt an die Strasse, sondern zog ihn um etwa 27,50 m von der Park Avenue zurück. Während gewöhnlich ein Zurückspringen der Geschosse ab bestimmten Höhen gesetzlich festgelegt ist, konnte durch die Verschiebung des Baukörpers von der Straße weg von dieser Regelung abgesehen werden – zu Gunsten eines klaren Baukörpers.

Mit Ausnahme der Mall des Rockefeller Center gab es im Zentrum New Yorks nirgendwo einen vergleichbar offenen Platz. Das *Seagram Building* bildet mit dem gegenüberliegenden Racquet and Tennis Club von McKim, Mead & White eines der eindrucksvollsten Bauensembles der Stadt. *Man weiß nicht, was sich dort befindet, und plötzlich sieht man Es – mit einer großartigen Plaza und ohne daß man ihn* [den Turm] *nicht sehen kann.*[53]

Auf der Seagram Plaza befinden sich zwei flankierende, in Marmor gefasste Wasserbecken auf einem über drei Stufen zu erreichenden Podium. Mies äußerte sich immer wieder dazu, dass man an Schinkels Altem Museum in Berlin alles in der Architektur lernen könne. Dies gilt natürlich nicht nur für das Bauwerk an sich, sondern auch für seine Lage im Grundriss der Stadt. Die Plaza in New York entspricht gleichsam dem Lustgarten vor dem ebenfalls von der Straße zurückgezogenen Alten Museum.

Der Turm des Seagram Building hat seinen Ursprung in den *860–880* mit einer vollendeten Curtain Wall, von Mies seit den Wohnhochhäusern immanent weiterentwickelt. An der Park Avenue, *wo jedermann doch so gut angezogen ist*[54] ist, entschied er sich zu einem edleren Gewand auch für seinen Baukörper:

Dazu lässt er die Scheiben der Curtain Wall topasgrau tönen und die angebrachten Stahlprofile vor dem Anbau in Bronze tauchen. So leuchtet das Seagram Building nach wie vor wie eine alte

Seagram Building, New York, 1954–58, Frontansicht, im Vordergrund die Plaza mit den beiden Wasserbecken.

51 Phyllis Lambert, *Brief an Eve Borsook*, 1. Dezember 1954, zitiert nach: »How a Building Gets Built«, a.a.O., S. 17, ibid. S. 283.
52 Colin Rowe, Fred Koetter, *Collage City*, Basel/Boston/Berlin, 1984, »Die Krise des Objektes, Der unerfreuliche Zustand der Textur«, a.a.O. S. 73–122.
53 Phyllis Lambert, *Brief an Eve Borsook*, Schulze ibid. S. 284.
54 Jean-Louis Cohen, Schulze ibid. S. 128.

VON DER ELEMENTAREN GESTALTUNG ZUR KONSTRUKTION 79

Toronto Dominion Center, 1963–69.

Münze und wird im Alter fortwährend nobler. Zusammen mit der Plaza stellt es den klassischsten Bau dar, den Mies in Amerika errichtete. Sein Sockel, Rumpf und Gesims waren Elemente, die man nach dem Hochhaus an der Friedrichstraße von Mies wohl kaum mehr erwartet hatte.

Das Baugesetz der Rücksprünge hatte Mies intelligent umgehen können, eine andere New Yorker Vorschrift brachte ihn jedoch bereits nach Baubeginn des Seagram-Building dazu, sowohl sein Apartment im Barclay-Hotel als auch seinen Platz im gemeinsamen Büro mit Johnson zu räumen. Das *New York Departement of Education* hatte festgestellt, dass der inzwischen 70-jährige Mies durch das fehlende Architekturstudium keine Lizenz zum Bauen in New York besaß. Erst mit einem Nachweis über eine ausreichende Schulbildung bestünde die Grundvoraussetzung für eine Prüfung, der sich Mies nach Lage der Dinge hätte unterziehen müssen, um in New York bauen zu dürfen. Gene Summers, sein Chef Assistent beim Seagram-Projekt, schrieb daraufhin einen Brief an die Aachener Domschule, die ihm Mies' Zeugnisse zukommen ließ. Kurz darauf lag die Lizenz zum Bauen vor.

Die Aufträge für öffentliche Bauten nahmen stark zu. Zwischen den 1949 fertig gestellten *Promontory Apartments* und der Eröffnung von *Seagram* 1958 war das Büro von Mies mit über 100 verschiedenen Projekten auf drei Kontinenten beschäftigt. Das Mies'sche Raumkontinuum war im städtebaulichen Maßstab angekommen, und es waren die Hochhäuser selbst, die nunmehr die Stelle von freistehenden Wänden im öffentlichen Raum einnahmen. Mies ging dabei mit gleicher Präzision um wie seinerzeit in Barcelona und Brünn, was die unzählig angefertigten Skizzen beweisen, mittels welchen er verschiedenste Möglichkeiten von Anordnungen ausprobierte. Viele Variationen der Türme folgten, teilweise mit horizontalen Dienstleistungsgebäuden verknüpft wie beim *Dominion Center* in Toronto (1963 bis 1969) und dem *Westmount Square* in Montreal (1965 bis 1968). Sie alle sind jeweils zwanglos gruppiert auf einem Platz, kompositorisch angeordnet wie die Werke von De Stijl.

Er ging mit großer Sorgfalt vor, erzählt Peter Palumbo, der sich von Mies in London ein Bürohochhaus projektieren ließ und dazu 1962 nach Chicago reiste, *und betrachtete das Grundstück von jedem erdenklichen Blickwinkel aus und beobachtet auch Blickrichtungen und umstehende Gebäude; er machte sich ausführliche Notizen.*[55] Drei Jahre nach dem Grundstücksbesuch in London präsentiert Mies schließlich seinen Entwurf: ein typischer, diesmal in Bronze

Mies und Philip Johnson mit dem Modell des Seagram Building, New York, 11. Mai 1955.

gekleideter Mies'scher Kubus, ansonsten kaum zu unterscheiden von den vielen Büro-Superblocks mit Curtain Wall, die in ihren harmonievollen Proportionen, präzise ausgearbeiteten Details und bedachten städtebaulichen Positionen schon überall auf der Welt zu Dutzenden standen.

Die Begeisterung über den universal verwendbaren Prototyp war nicht grenzenlos. 1985 wurde der Bauantrag für das *Mansion House Projekt* vom britischen Umweltministerium abgelehnt mit der Begründung, die vorgeschlagene Architektur beachte nicht die Baugeschichte der Nachbarschaft.

Mies van der Rohe used the facilities offered by steel and glass to create elegant monuments of nothingness. They had the dry style of machine forms without the contents. His own chaste taste gave these hollow glass shells a crystalline purity of form; but they existed alone in the platonic world of his imagination and had no relation to site, climate, insulation, function or internal activity [...].[56] Die Bauten Mies van der Rohes sind hingegen gewiss keineswegs Reproduk-

55 Peter Palumbo, »Mies van der Rohe, Masion House Square; the Client«, UIA/ International Architect, 3, 1984, S. 23, ibid. S. 325.
56 Lewis Mumford, »*The Case Against ›Modern Architecture‹«:* The Highway and the City, p.156.

Mansion House Square and Office Tower, London, 1967.

tionen ihrer selbst: *Es gibt gewisse Regeln, und wenn man sich die Geschichte ansieht- alle großen Epochen-, dann konnten die Leute damals sicher alles bauen, aber sie beschränkten sich auf ein ganz klares Prinzip, und das ist der einzige Weg, um bedeutende Architektur zu schaffen.*[57]

Persönlich zog sich Mies immer mehr von den Hochhausprojekten zurück. Der universal verwendbare Prototyp war gefunden und man braucht schließlich nicht jeden Montag eine neue Architektur zu erfinden. Durch seine Bauwerke war er nicht nur Architekten weltweit, sondern auch seinen Studenten Lehrer. Der neue Präsident des IIT und Nachfolger von Henry Heald, John Rettaliata, schien jedoch offenbar sehr an bürokratischen Formalien interessiert. Er konnte oder wollte nicht verstehen, wie Studenten ohne die permanente Anwesenheit ihres Professors von ihm Architektur lernen können, und bewirkte Mies' Pensionierung vom Lehramt. So zog sich Mies 1958 formal von der Lehre am IIT zurück. Als ihm Rettaliata dann auch noch die weitere bauliche Gestaltung des IIT-Campus entzog, reagierten Architekten aus ganz Amerika mit Empörung. *Das Schlimme ist, Mies ist ein Gentleman; von Ihnen allen kann man das nicht sagen.*[58]

Wieder war es Gordon Bunshaft von SOM, der mit der weiteren Gestaltung des Campus beauftragt wurde. Wie mit dem Lever House in New York verlieh er auf dem Campus mit der *Grover Herman Hall* und der *John Crerar Library* seiner Bewunderung für Mies und die Gültigkeit von dessen Baukunst erneut Ausdruck.

Das Werk Mies van der Rohes in Amerika unterscheidet sich von dem in Berlin vor allen Dingen hinsichtlich der Bauaufgaben. Projektierte er vorher Wohnhäuser, Villen und Landhäuser, so waren es in Amerika großvolumige Bauten wie Geschäfts-, Wohn- und Büro-Hochhäuser aus Stahl und Glas in der Stadt. Die Erfahrungen bei Behrens hatten ihn gelehrt, welche Bedeutung der Großindustrie und dem Feld der Innovation zukam, das die moderne Metropole verkörperte.

Nach dem Bau des Seagram Buildings war Mies zum ersten Mal durch seine Architektur finanziell abgesichert. Sein Büro wurde mit vielen anderen Projekten so sehr beschäftigt, dass man sogar Aufträge ablehnen musste. Sein beruflicher Erfolg hatte aber auch immer private Niederschläge zu kompensieren. In Gesellschaft von Leuten, mit denen er nichts gemein hatte, zog sich Mies zurück. Durch seine eingeschränkte Bewegungsfreiheit nach seinem starken Arthritisanfall empfing er Freunde lieber bei sich zu Hause. Dort fühlte er sich am wohlsten, wenn er die Zigar-

57 Mies van der Rohe, zitiert nach: Peter Carter, »*Mies van der Rohe*«, Architectural Design, 31, März 1961, S. 95–121, Schulze ibid. S. 278.
58 Alfred Caldwell im Gespräch mit Franz Schulze, 10. August 1980, Schulze ibid. S. 294.

Mies mit seiner Tochter Waltraut in Chicago, 1955.

re wie einen Taktstock zu seinem Sprechrhythmus in der Hand hielt. Je mehr er trank, umso aufgeschlossener, redseliger wurde er und gab Anekdoten, Erinnerungen und Aphorismen wieder, an deren Wahrheitsgehalt niemand zu zweifeln wagte: *Fragen Sie Gott, wo er die Zehn Gebote herhat?*, kommentierte Philip Johnson einen solchen Abend, der sich wie die meisten anderen bis in den Morgengrauen zog. Ins Büro kam Mies nie vor Ende der Mittagspause; dann nahm er sich aber viel Zeit für Besprechungen und die Post.

Noch vor dem Auftrag für das Seagram-Building war Mies 1952 das erste Mal seit seiner Emigration 1938 nach Deutschland gereist, um bei einem kurzen Aufenthalt auch seinen Neffen Dirk kennen zu lernen. *Sie hatten alle keinen Spaß am Ausflug. Keiner wusste, worüber er mit dem anderen reden sollte.* Mies hatte sich in Amerika anders entwickelt als seine in den Nachkriegswirren gebliebenen deutschen Freunde. So dauerte es nur ein paar Tage, bis er wieder im Flugzeug saß, zurück nach Amerika, um sich voll und ganz der Baukunst zu widmen.

Der stützenfreie Pavillon

Das *Resor House* Projekt war 1938 einer der Gründe für Mies gewesen, sich auf den Weg nach Amerika zu machen. Durch das angestrebte Raumkontinuum war es immer wieder schwer, einzelnen Räumen bestimmte Zwecke zuzuordnen. Potentielle Auftraggeber, die Mies zu einer genaueren Bezeichnung einzelner Räume

Das Farnsworth House.

aufforderten, blieben dadurch häufig verunsichert. So konnten diese Entwürfe nicht sofort in Bauaufträgen umgesetzt werden. Neun Jahre nach Resor aber ermöglichte Edith Farnsworth die Realisierung des einzigen privaten Hauses, das Mies in Amerika baute. Mrs. Farnsworth hatte sich an das MoMA gewandt, um sich für ihr Vorhaben verschiedene in Frage kommende Architekten nennen zu lassen. Nachdem sie sich gegen Wright und Le Corbusier zu Gunsten von Mies entschieden hatte, vereinbarte sie ein erstes Treffen Ende 1945.

Der erste Entwurf von 1946 zeigt, dass Mies die Aufgabe als eine Gabe des Himmels verstanden haben muss. Das Ferienhaus mit einem Minimum an funktionaler Beschränkung für eine alleinstehende, intelligente und wohlhabende Medizinerin liegt auf einem 3,9 Hektar großen Flussgrundstück. Der Entwurf ist mit keinem bisherigen vergleichbar und er gefiel beiden gleichermaßen gut. Auch persönlich fühlten sie sich zueinander hingezogen – immerhin vergehen drei Jahre, bis die Betonfundamente gegossen werden. Während dieser Zeit picknicken sie des Öfteren auf dem Grundstück am Fox River, *und sie hatte wahrscheinlich eine Affäre mit ihm.*[59] Schließlich begannen die Bauarbeiten, 1951 war das *Farnsworth House* fertig gestellt.

Dessen wesentliche Bestandteile sind eine Boden- und Deckenplatte, die mittels acht Breitflanschstützen auseinander gehalten werden. Der Entwurf steht ganz im Gegensatz zu früheren, erd-

59 Marian Carpenter im Gespräch mit Franz Schulze, 25. November 1983, Schulze ibid. S. 262.

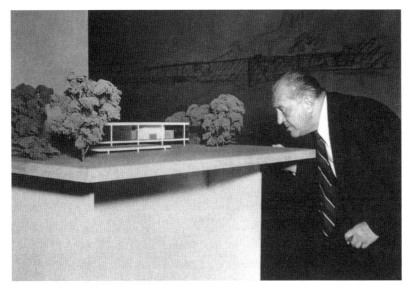 

Mies beim Betrachten des Modells des Farnsworth House, 1947. Edith Farnsworth, um 1973.

nahen Land- und Hofhäusern. Waren diese mit der Natur verbunden, so hängt am Fox River die Bodenplatte aufgrund der gelegentlichen Überschwemmungen etwa 1,50 m über dem Boden. Der Zugang zum Haus erfolgt über eine ebenfalls über dem Boden aufgehängte Terrassenplatte, die in Größe und Proportion beinahe dem Gebäude entspricht. Wie schon bei den *860–880 Lake Shore Drive Apartments* macht auch hier das Glas aus dem Rohbau einen Baukörper. Lediglich die Glasscheiben am östlichen Gebäudeteil bilden den eigentlichen Innenraum und machen die Konstruktion bewohnbar.

Das Farnsworth House wirkt überaus immateriell, die umliegende Natur selbst wird zur Raumbegrenzung. Mies hob die Stützen aus dem Technisch-funktionellen heraus und betonte ihre Eigenständigkeit dadurch, dass er sie unter der Attika enden ließ. So werden die Stahlstützen zu Verwandten der klassischen Säulen, deren Wesen ebenfalls in ihrer eigenen Körperlichkeit begründet ist. Die Stütze gewinnt aus dem konstruktiven Refugium gleichsam formale Eigenständigkeit und ist nicht mehr nur Dekoration. *Wo immer die Technik ihre wirkliche Erfüllung findet, dort erhebt sie sich in die Sphäre der Architektur.*[60]

Mies' Stahlprofil ist entschieden vergleichbar mit einer klassischen Säule: Gibt es am Anfang das rohe Material (den Steinklotz oder das Stück Metall), so gewinnt es erst durch seine Behandlung an Form- und Ausdruckskraft. Um ihm sein Leben als Säule

60 Ludwig Mies van der Rohe, *Technik und Architektur*, ibid. S. 30.

zu schenken, wird der Stein mit Hammer und Meißel bearbeitet. Hier wurde der Stahl aufwendig bis zur völligen Glätte sandgestrahlt und anschließend mehrmals weiß gestrichen. *Jedes Material, gleichgültig ob natürliches oder künstliches, besitzt besondere Eigenschaften, die man kennen muß, um mit ihm arbeiten zu können. […] Entscheidend ist der rechte Umgang mit ihnen. Jeder Stoff ist nur das wert, was man aus ihm zu machen versteht.*[61]

Wie bei allen anderen Projekten hatte Mies auch beim *Farnsworth House* maßlos das Budget überschritten. Er benutzte stets beste Handwerker und beste Materialien, die umso teurer wurden, je weiter die durch den Korea-Krieg einhergehende Inflation schritt. Nach kurzer Zeit waren schon über 50 Prozent des angeschlagenen Budgets von 40000 Dollar überschritten, sodass sich Mies und Mrs. Farnsworth fortan nicht beim Picknick, sondern vielmehr im County Courthouse in Yorkvill, Illinois trafen. Der heftige Schlagabtausch führte im Prinzip zu zwei Verlierern: Sie unterlag vor Gericht und er hatte schwer mit seinen Nerven zu kämpfen. *Sie können sich nicht vorstellen, welche Ignoranz er zur Schau stellte. Er wußte überhaupt nichts über Stahl, seine Eigenschaften oder seine Standardabmessungen, nichts über Konstruktion, über Schulphysik oder einfach nur gesunden Menschenverstand. Alles, was er weiß, ist dieser Quatsch über sein Konzept, und das zieht nicht im Kendall County Courthouse. Ich sage Ihnen, er hat Blut geschwitzt – er soll hinterher gesagt haben, er würde nie wieder einen Rechtstreit anfangen.*[62] Ganz offensichtlich ging es dabei weniger um einige Tausend Dollar als um den Zusammenprall zweier autoritärer Persönlichkeiten. Nachdem sie unzählige Stunden miteinander verbracht hatten, lagen die Emotionen frei und es ging offensichtlich nur noch darum, den anderen so stark wie möglich zu verletzen: *Die Dame erwartete, der Architekt sei eine Zugabe zum Haus.*[63]

Mies' offene Räume, die durch bewegliche Raumteiler wie Bücherregale oder Vorhänge je nach Bedarf der Größen von Wohn- und/oder Schlafraum gegliedert werden sollten, waren für private Zwecke wie Wohnen kaum realisierbar. So stützte er sich auf die Entwicklung von Einheitsräumen im öffentlichen Bereich. Während Farnsworth House beendete wurde, arbeitete er parallel bereits am Entwurf für die Crown Hall. Dennoch entwickelte Mies die Idee des Universalraumes auch für private Wohnhäuser weiter. Ursprünglich als Prototyp für amerikanischen Massenbau gedacht, zeigt sich das *50 by 50 House* (1950–1951) noch reduzierter als das Farnsworth House.

61 Mies van der Rohe, in Werner Blaser (wie Anm. 11), ibid. S. 50 und 51.
62 Edith Farnsworth, *Memoiren*, Schulze, ibid. S. 267.
63 Cohen, ibid. S. 93.

50 by 50 House, Projekt, Ansicht des Modells 1950/51.

Es wurde nach der Seitenlänge (in Fuß) seines quadratischen Daches getauft, die kleinen und großen Geschwister nannten sich *40 by 40* und *60 by 60*. Die Bodenplatte lag nun mit der Terrasse auf dem gleichen Niveau. Anstelle von acht gab es nur noch vier Stützen, die die Dachplatte aus verschweißtem Stahl jeweils in der Seitenmitte tragen. Das Fehlen von Stützen auch nur in der Nähe der Ecken führt zu einem weitaus entmaterialisierterem Raumerlebnis als am Fox River. Ein Aufhängen von Klees und Schwitters' an den Glaswänden dieser Architektur wäre sicher nur das kleinere Übel gewesen.[64] Vielmehr hätte der Benutzer nach der Ausführung dieses Projekts wohl mit ähnlichen klimatischen Schwierigkeiten kämpfen müssen wie Mrs. Farnsworth. Aus dem Bautyp des 50 by 50 House und der Crown Hall entwickelt Mies den freitragenden Pavillon.

Das ideale Büro ist meiner Ansicht nach eines ohne Unterteilungen, wo sich alle, Vorgesetzte wie Angestellte, sehen können.[65] Die Worte von José M. Bosch, Präsident der Firma Bacardi Rum, hätten von Mies stammen können. Bosch plante ein neues Quartier für seine Firma in Santiago und war bei einem Besuch auf dem IIT-Campus offenbar von der Crown Hall beeindruckt. Mies machte sich daraufhin mit seinem Assistenten Summers auf den Weg nach Kuba. Ihn trieb der Gedanke, Boschs Büro als einen Universalraum nach dem Vorbild der Crown Hall zu entwerfen.

Dort angekommen spürten beide aber sehr schnell, *dass dies hier ganz sicher nicht Chicago ist, wo die meiste Zeit des Jahres über Licht und Wärme der Sonne im Gebäudeinneren hochwillkommen sind.*[66] Es schien auf Kuba nicht die beste Lösung zu sein, die Dachplatte wie bei der Crown Hall mit der Glaswand bündig abschließen zu lassen. Um direkte Sonne im Innenraum zu ver-

64 Cohen, ibid. S. 104.
65 José M. Bosch, *Brief an Mies*, zitiert in: Peter Carter, *Office Building for Compania Ron Bacardi S.A., Santiago de Cuba*, Architectural Design, 28, November 1958, S. 443, Schulze, ibid. S. 309.
66 Gene Summers, *A Letter to Son*, A + U, Januar 1981, S. 182, Schulze, ibid. S. 309.

hindern, entschied sich Mies für einen Umlauf vor der Glaswand nach dem Vorbild der Sockelgeschosse seiner Wohn- und Büro-Superblocks.

Er bat mich, diesen Einfall in einer Skizze festzuhalten«, berichtet Summers, *»was ich sofort auf einer Papierserviette tat – das Ergebnis war ein großes quadratisches Dach, das nur am Außenrand von zehn Fuß (etwa 3,05 m) voneinander entfernten Stützen getragen wird, und eine um 30 Fuß (etwa 9,15 m) zurückgesetzte Glasfassade. Ich gab Mies die Zeichnung, und er betrachtete sie ruhig, während er seine Monte-Christo-Zigarre rauchte. Dann sagte er: ›Nein, es sieht aus wie ein Konsulat; Gropius würde das so machen, es gibt zu viele Stützen, nimm ein paar weg.‹ Also wieder zurück zur Serviette. Diesmal zeichnete ich nur zwei Stützen pro Seite ein, und Mies sagte: ›Jetzt haben wir's – gib mir deinen Stift.‹*[67]

Mies vervollkommnete seine Ideen immer stärker. Das *Bacardi-Projekt* etwa war eine architektonische Neuerfindung, allerdings innerhalb seines eigenen Systems: Die Symmetrie ist typisch für den amerikanischen Mies, die zurückgezogene Glasfassade rührt von den Erdgeschossen der städtischen Blocks her, die Deckenkonstruktion geht auf das 50 by 50 House und die Convention Hall zurück, während die freistehenden Marmorwände im Inneren vom europäischen Mies stammen, ebenso der mit Hartholz verkleidete Gebäudekern. Und der riesige ungeteilte Innenraum ist ohnehin das, was neben Mies nun auch Bacardi-Präsident Bosch fordert. Selbst der Sockel, auf dem das Gebäude steht, gilt seit dem Bismarckdenkmal-Projekt von 1910 als ein Markenzeichen Mies'scher Architektur und tritt seither immer wieder in Vorschein.

Der einzige Unterschied zu vorherigen Projekten ist die Wahl des Materials, denn der freistehende Pavillon auf Kuba sollte in Eisenbeton ausgeführt werden. Bereits nach seiner Ankunft im Hotel stellte Mies fest, dass das eiserne Geländer seines Balkons *in dieser wunderbaren salzigen Seeluft*[68] vor sich hinrostete.

Mit der Machtübernahme Fidel Castros als Regierungschef Kubas wurde das Projekt 1959 aufgegeben. Dennoch empfand Mies weiterhin eine große Vorliebe für diesen Bautypus und natürlich wollte er ihn in Stahl ausführen. Die richtige Gelegenheit dafür schien ihm das eigenständige Museum für die Sammlung Georg Schäfers zu sein. 1960 plante er in Schweinfurt den freitragenden Pavillon aus Stahl und Glas.

Sehr bald hatten alle Beteiligten erkannt, dass eine kleine Stadt wie Schweinfurt die Folgekosten eines solchen Bauwerks nicht

67 Summers Ibid. S. 182.
68 Summers Ibid. S. 309.

tragen kann. Auch Georg Schäfer war unsicher, ob eine so moderne Konstruktion überhaupt passend sei für seine Sammlung, die bisher ihren Platz in einem nahe gelegenen Schloss gehabt hatte. Zum Wohle beider Seiten wurden die Verhandlungen noch im gleichen Jahr unterbrochen. Dies ebnete Mies den Weg, sich intensiv mit seinem letzten Projekt zu beschäftigen, das ihm die Stadt Berlin zu dieser Zeit angetragen hatte.

Im September 1965 wurde der Grundstein gelegt für die *Neue Nationalgalerie* (1962–1967) in Berlin. Mies war sich völlig im Klaren darüber, dass er dieser Stadt, die sein Denken, Leben und seine Kunst prägte, etwas zurückgeben musste und wollte. Hier stand die Form gewordene Idee einer absolut überzeitlichen, allgemeingültigen Baukunst mehr im Vordergrund als die konkrete Funktion. Nicht einmal wegen seines starken Arthritisanfalls gleich zu Beginn der Arbeit ließ Mies sich davon abbringen, energisch seine letzte Kraft für dieses Projekt einzusetzen. Weil er in seinem achten Lebensjahrzehnt fast ein Jahr in der Klinik lag, ließ er sich großmaßstäbliche Modelle ans Krankenbett bringen.

Neue Nationalgalerie in Berlin

Mies' ehemalige Berliner Adresse, Am Karlsbad 24, ist nur eine Straße vom Kemperplatz entfernt. Hier plante er seinen geometrisch strengsten Raum seit der Convention Hall. Die riesige starre Stahlplatte – die größte, die jemals ausgeführt wurde – liegt auf lediglich acht Stützen auf. Sie hat eine Kantenlänge von 64,80 m und besteht aus 1,80 m hohen Stahlträgern, die sich in einem Abstand von 3,60 m kreuzen. Um der optischen Täuschung herunterhängender Ecken, die sich bei solchen Dimensionen ergibt, vorzubeugen, benutzte Mies einen kosmetischen Trick, den bereits die Griechen beim Bau des Parthenons auf der Akropolis anwandten: Die Dachplatte ist jeweils an den Außenseiten um einige Millimeter nach oben geschwungen, sodass sich für den Betrachter eine perfekte, horizontale Linie gegen den Himmel ergibt.

Über 7 m hinter den Stützen befindet sich gläserne Cella für wechselnde Expositionen. Dauerausstellungen, Verwaltungs- und sonstige Räume liegen im Sockelgeschoss. So bleibt der »Tempel der Kunst« ästhetisch unberührt von funktionalen Zwängen und kann sich selbst in seiner vollsten Erhabenheit präsentieren. Nicht nur wegen der axialen Symmetrie, des Sockels und des Zugangs über die Stufen ist von einem Tempel zu sprechen. Vielmehr sind es die Stützen, die diese Assoziation hervorrufen. Wie ihre dorischen Vorfahren sind sie ohne Basis, jedoch mit Schaft

Neue Nationalgalerie, Berlin, Frontansicht.

Neue Nationalgalerie, Detailansicht.

und Kapitell ausgeführt und deuten durch die feinfühlige Art der Verbindung der Breitflanschprofile selbst Kanneluren und eine Enthasis an. Zusammen mit dem Gebälk bilden sie gleichsam die Mies'sche Ordnung, deren rhythmisierte Attika dem Vorbild eines Triglyphenfrieses folgt. Dabei sieht die Mies'sche Ordnung keine Metopen oder anderen figuralen Schmuck vor. An deren Positionen befinden sich nun die reinen Stahlverbindungen. Im Zeitalter der Industrie entsprechen sie gleichsam dem künstlerischen Ornament der Antike. Die Verjüngung der Säule nach oben endet vor dem Kapitell, das sich nur noch als Kugel zeigt. Mies bringt die technische Konstruktion und ihre Möglichkeiten sprichwörtlich auf den Punkt. Da er mit der Neuen Nationalgalerie gewissermaßen den antiken Podiumstempel vergegenwärtigt, entspricht sie sehr der durch Schinkel und dessen Bauakademie geprägten Berliner Bautradition.

Wie bei Behrens' Turbinenhalle verbinden die Stützen nicht Halle und Boden, sondern vielmehr Stütze und Dach, zwischen denen sich die Ausstellungshalle präsentiert. *Es ist eine große Halle, die natürlich große Schwierigkeiten für die Ausstellung von Kunst bedeutet. Darüber bin ich mir natürlich vollkommen klar. Aber sie hat so große Möglichkeiten, dass ich auf diese Schwierigkeiten überhaupt keine Rücksicht nehmen kann.*[69] Zur Eröffnungsausstellung wurden dort Gemälde von Piet Mondrian gezeigt – angebracht auf großen, weißen, von der Decke hängenden Tafeln, die so die Leichtigkeit der Architektur unterstrichen. Mit den offenen Grundrissen der zwanziger Jahre und ihren dynamisch fließenden Räumen hatte Mies' Konzeption ihren Anfang genommen und endete mit der ausgewogenen Symmetrie und ungeheuren

69 Mies van der Rohe, zitiert nach Georgia van der Rohe, *Mies van der Rohe*, a. a. O., Schulze ibid. S. 316.

Das Anheben der Dachplatte für die Neue Nationalgalerie, April 1967.

Größe der quadratischen, freitragenden Pavillons der fünfziger und sechziger Jahre.

Am 5. April 1967, morgens um 9 Uhr erschien der 81-jährige Mies auf dem Bauplatz. Neun Stunden lang saß er regungslos in seinem weißen Mercedes und beobachtete konzentriert das hydraulische Anheben der Dachplatte. Auf dem Empfang anlässlich dieses Ereignisses äußerte er sich dann wieder gewohnt kurz und knapp: *Es hat jeheißen, jeder sollte nur fünf Minuten sprechen. Wat da jeschwindelt wurde! Ich will hier nur den Stahlfritzen danken und den Betonleuten. Und als das jroße Dach sich lautlos hob, da hab' ich jestaunt!!*[70]

Unweit der Neuen Nationalgalerie befindet sich Schinkels Altes Museum, von dem Mies alles in der Architektur zu lernen versuchte. Auch dieser *Tempel der Kunst* ruht erhaben auf einem massiven Sockel mit einer hinter Säulen zurückgezogenen Cella. Zweifellos hatte Mies durch die Neue Nationalgalerie seiner Verehrung zu einem Baumeister Ausdruck verliehen, den er etwa 60 Jahre zuvor kennenlernte. Durch die Begegnung mit Schinkel erhielt Mies einst seinen persönlichen Zugang zu Theorie und Geschichte der Architektur.

Manchmal, spät in der Nacht, wenn ich müde bin, überfällt mich das Verlangen, etwas zu tun, nur weil es mir Spaß macht. Dann weiß ich, es ist zu spät, ich habe zu lange gearbeitet. Man tut nicht etwas, nur weil es einem Spaß macht, sondern weil es richtig ist.[71] Durch sei-

70 Mies van der Rohe, berichtet von Julius Posener, 27. Juni 1982, Schulze ibid. S. 317.
71 Louis Rocah zitiert Mies van der Rohe im Gespräch mit Franz Schulze, 25. März 1981, Schulze ibid. S. 322.

Mies bei der Lektüre des Buches *Bauen seit 1900 in Berlin* von Rolf Rave und Hans-Joachim Knöfel, 1967.

ne Arthritis war Mies zunehmend ans Haus gebunden. Wie auch in Gesellschaft verbrachte er dort schweigend zahllose Stunden mit regungslosem Nachdenken. Sein Interesse an Physik und Kosmologie wurde größer, aber auch die Anzahl der erbetenen »Audienzen«, und die Liste der Auszeichnungen wurde immer länger.[72]

1965 hatten die Schmerzen derart zugenommen, dass ein gemäßigtes Arbeitspensum für Mies nur noch durch einen operativen Eingriff ermöglicht werden konnte. Sehschwäche erschwerte ihm das Lesen und Arbeiten, 1966 musste er von den Symptomen eines Speiseröhrenkrebses erfahren. Drei Jahre später erkrankt Mies in der Klinik an einer Lungenentzündung. *Er ist 83 Jahre alt. Er hat ein erfülltes Leben hinter sich. Er ist unheilbar krank, und Sie wissen das. Jetzt hat er eine Lungenentzündung, an der er schnell und gnädig sterben könnte. Aber Sie hantieren mit Ihren Tests und Tabellen herum!*[73] Die Ärzte versprachen Mies' Tochter Marianne, sich auf die nötigsten Untersuchungen zu beschränken. Am 19. August 1969, nur zwei Tage darauf, starb Mies.

Am 25. Oktober 1969 zitierte sein enger Freund James Johnson Sweeney auf der Gedenkveranstaltung in der Crown Hall noch einmal Mies van der Rohe: *Wo tritt mit gleicher Klarheit das Gefüge*

72 In den 60er Jahren: sechs Ehrendoktortitel, sechs Mitgliedschaften in berufständischen Vereinigungen, Goldmedaillen vom America Institute of Architects, der Architectural League of New York, des National Institute of Arts and Letters, des Bundes Deutscher Architekten und der Ortsgruppe Chicago des American Institute of Architects. Die zwei bedeutendsten Orden bekam Mies in der BRD (Pour le mérite) und in Amerika (Medal of Freedom), letzterer überreicht von Lyndon B. Johnson, kurz nach dessen Amtsübernahme infolge der Ermordung Kennedys, der vier Monate vorher die Nachricht der Nominierung an Mies übermitteln ließ.
73 Marianne Lohan im Gespräch mit Franz Schulze, 7. März 1981, Schulze ibid. S. 328 und 329.

eines Hauses oder Baus mehr hervor als in den Holzbauten der Alten? Wo mehr die Einheit von Material, Konstruktion und Form? Welcher Sinn für das Material und welche Ausdrucksgewalt spricht aus diesen Bauten? Welche Wärme strahlen sie aus, und wie schön sind sie? Sie klingen wie alte Lieder. Hier liegt die Weisheit ganzer Geschlechter verborgen.

Sweeney fügte hinzu: *Und das sagte der gleiche Mies, den wir mit dem Statement verbinden, Beton, Stahl und Glas seien die Materialien unserer Zeit und folglich sollten sich die Formen der Epoche aus diesen entwickeln.*[74]

74 Schulze, ibid. S. 329.

Fritz Neumeyer

Architektur und Technik
Mies van der Rohe und die Kunst der Konstruktion

Die Zusammenführung von Technik und Kunst ist das eigentliche »Thema«, das die Architektur von Mies van der Rohe durchzieht. Seit den frühen zwanziger Jahren, in denen Mies mit kanonischen Projekten die Prototypen einer modernen Architektur in Stahl- und Betonbauweise zu definieren versucht, bestimmt das Verhältnis von Kunst und Technik seine Auseinandersetzung mit der Architektur. Auch später, in seinen Stellungnahmen aus den fünfziger und sechziger Jahren des 20. Jahrhunderts, kreisen die Gedanken von Mies um diese für ihn kardinale Frage des Verhältnisses von Architektur und Technik, von Konstruktion und architektonischer Form. Nicht zuletzt deshalb ist mancher Kritiker dem Missverständnis erlegen, technische Perfektion sei das Wesensmerkmal und letzte Ziel Mies'scher Baukunst. Gewiss lag ihm viel daran, die gefundene Lösung so genau und gut wie nur möglich baulich umzusetzen; technische Perfektion blieb für Mies allerdings nur ein Mittel: die Voraussetzung, eine architektonische Aussage auf höchstem Niveau zu ermöglichen, nicht aber der eigentliche Zweck oder gar das Ziel einer architektonischen Aussage.

Dass die Verbindung von Architektur und Technik keineswegs widerspruchsfrei zu denken und problemlos ins Werk zu setzen ist, hat Mies nicht von seiner Überzeugung abgebracht, dass Konstruktion und Technik als die Grundtatsachen allen Bauens auch die Grundlage des künstlerischen Ausdrucks in der Architektur sein müssen, und dass ferner die Technik als eine dem modernen Leben zugehörige Entwicklung diesem Ausdruck Zeitgenossenschaft oder Modernität verleihen würde. Auf diesen Prämissen gründete die Synthese von alten und neuen Werten, die Mies in der Architektur, eigenem Bekunden nach, zeitlebens gesucht habe.

In seinem 1950 in den USA veröffentlichten Statement »Architecture and Technology« begründet Mies diese Synthese mit der Vorstellung von einer Technologie, die »weit mehr als eine Methode« sei, »in nahezu jeder Hinsicht überlegen«, sondern die zugleich auch »eine Welt für sich« mit ihren eigenen objektiven Möglichkeiten verkörpere.[1] In dieser »Welt der Technik« sieht Mies eine »wirkliche historische Bewegung »eine der großen Bewegungen, die ihre eigene Epoche formen und repräsentieren.« Hegels Denkfigur von einem sich real manifestierenden objektiven Zeitgeist, der die Epoche beherrscht, scheint in die-

1 Mies van der Rohe: *Architecture an Technology*, in: Arts and Architecture, 67. 1950, H. 10, S. 30; ins Deutsche übersetzt: Technik und Architektur, in: Ulrich Conrads (Hrsg.), Programme und Manifeste zur Architektur des 20. Jahrhunderts, Berlin 1964, S. 146.

sen Worten auf, die den modernistischen Fortschrittsglauben des 20. Jahrhunderts reflektieren. Für Mies stand die Technik in einer solchen engen kulturellen Verbindung zur Architektur, dass, wo auch immer sie »ihre wahre Erfüllung« erreichte, sie sozusagen von selbst in Architektur übergehen würde. Dieser optimistischen Einschätzung einer selbstbedeutsamen und gleichsam sich selbst kultivierenden Technik, hat Mies die einschränkende, wenn nicht gar von Skepsis getragene Relativierung zur Seite gestellt, dass es die Architektur zwar technisch gesehen mit Tatsachen und Bedingungen zu tun habe, gleichwohl liege ihr eigentliches Betätigungsfeld aber im »Reich der Bedeutung«. Erst durch diese Sphäre der Bedeutung konnte das Bauen zur »Bau-Kunst« werden, erst dadurch wurde es überhaupt möglich, die »innere Struktur« einer Zeit durch »das allmähliche Entfalten ihrer Form« zum adäquaten Ausdruck zu bringen. Aus einer höheren Warte des Zusammenfallens von Tatsache und Bedeutung betrachtet, in der sich die Gegensätze aufheben, verloren auch Architektur und Technik ihren widersprüchlichen Charakter, was in den Worten von Mies zum Ausdruck kommt: »Unsere wahre Hoffnung liegt darin, dass sie gemeinsam wachsen, dass eines Tages das eine Ausdruck des anderen sein möge. Nur dann werden wir eine Architektur haben, die ihren Namen verdient: Architektur als ein wahres Symbol ihrer Zeit.«[2]

Diese *conicidentia oppositorum* in der Architektur Wirklichkeit werden zu lassen, hat Mies als das Ziel seiner Arbeit verfolgt, und die daraus resultierende Aufgabe ist damit klar umrissen: Es geht Mies darum, das Technische zur Grundlage des Ausdrucks der Architektur zu erheben und umgekehrt den Ausdruck der Architektur grundsätzlich an die technische Seite der Architektur, an Material und Konstruktion zu binden. Damit wird dem einseitigen Technizismus ebenso wie dem abgehobenen Ästhetizismus – beides Phänomene, an denen die heutige Architektur zu tragen hat – ein Riegel vorgeschoben. Im Verschmelzen von technischem und ästhetischem Modernismus lag für Mies das Versprechen einer zeitgemäßen Kultur, einer Kultur, in der Form und Konstruktion, individueller Ausdruck und allgemeine Anforderungen, subjektive und objektive Werte wieder zu einer neuen Einheit zusammenfänden.

Es ist diese reziproke Interpretation von Kunst und Technik, von modernen und traditionellen Konzepten und Werten, die Mies

2 Ebenda.

zeitlebens verfolgt. Die Änderungen der Standpunkte, die er dabei als Positionsbestimmungen in seinem Architekturverständnis vornimmt, machen zugleich deutlich, dass das Zusammenführen dieser beiden Gegensätze eigene dialektische Probleme aufwirft, die sich weder theoretisch noch praktisch einseitig widerspruchslos auflösen lassen, sondern den Architekten vor grundsätzliche Entscheidungen stellen. Die Ambiguität von Kunst und Technik, die einen grundsätzlichen, immanenten Konflikt der Architektur darstellt, bringt Mies zu der Einsicht, dass es sich bei der Architektur um einen »echten Kampfplatz des Geistes« handelt, auf dem sich der Architekt ohne eine »geistige Ordnung« als Grundlage seines Schaffens nicht behaupten kann.

Dass die Synthese von Kunst und Technik ein geistiges Konzept verlangt, ist Mies als Mitarbeiter im Atelier von Peter Behrens früh bewusst geworden. Die idealistische Synthese, die Behrens unter Berufung auf das »Kunstwollen« formulierte, hatte er 1909 mit dem Bau der Turbinenhalle für die AEG in Berlin höchst anschaulich zum Ausdruck gebracht – einem Bauwerk, das schnell Berühmtheit erlangte und zu einer Inkunabel der Architektur des 20. Jahrhunderts werden sollte. Auch Mies hat als Mitarbeiter im Atelier Behrens offenbar an diesem Bau mitgewirkt; laut eigener Erinnerung war er an den Fensterentwürfen der Hoffassade der Turbinenhalle beteiligt.

Das Konzept von Behrens basierte auf der Analogie von Kunst und Technik: Die Kunst sollte als Erzieher oder Vermittler der Technik betrachtet werden, umgekehrt die Technik als Erzieher der Kunst. In der Turbinenhalle verschmolzen Architektur und Technik auf eine bis dahin unvorstellbare Weise. Im Oszillieren der Assoziationen zwischen einem klassischen Tempel und der modernen Maschinenwelt ist es dem Betrachter nahezu unmöglich, zu bestimmen, inwieweit hier das Eine Ausdruck des Anderen ist. So überrascht es auch nicht, dass die Kritik die Turbinenfabrik zunächst als einen epochalen Befreiungsakt feierte, der die historische Form aus den akademischen Fesseln und zugleich die zweckhafte Konstruktion aus ihren engen Grenzen der technischen Funktion befreite, ihr also künstlerischen Ausdruck ermöglichte. Zehn Jahre später, unter den Vorzeichen des modernistischen Funktionalismus, lagen die Verhältnisse anders: Jetzt wurde Behrens wegen seiner vermeintlich unkonsequenten und unaufrichtigen künstlerischen Verklärung der Konstruktion

Peters Behrens, Turbinenhalle der AEG, 1908.

angegriffen und im Namen einer materialistischen Ästhetik der Vorwurf der Unehrlichkeit gemacht, weil er aus idealistischen, formalen Gesichtspunkten der »Konstruktionsgerechtigkeit« und den Anforderungen der Funktion nicht konsequent genug Rechnung getragen habe. Ähnlich ambivalente Urteile sollten später über die Stahl- und Glasbauten von Mies auch gefällt werden.

Behrens' Versuch, die Ambiguität zwischen der künstlerischen Formvorstellung, also dem gewollten »Bild« der architektonischen Form und dem Bild der technischen »Konstruktion« aufzulösen, erlaubt beide Lesarten. Man kann in der Turbinenhalle im Sinne von Nietzsches »Umwertung der Werte« eine modern dynamisierte, gleichsam dionysisch-industrielle Interpretation des klassischen Tempels sehen, wie umgekehrt eine ins Klassische mündende, gleichsam apollinisch-harmonisch geläuterte Dynamik der modernen Konstruktion. Beide Tendenzen sind in der Turbinenhalle erkennbar: der Idealismus der künstlerischen Form, der die moderne Technik bestehenden ästhetischen Gesetzen unterwerfen und dadurch auf die Seite der klassischen Form ziehen will; ebenso auch der Empirismus der modernen Technik, der die eiserne Gegenwart der modernen Maschinenwelt als Grundlage zeitgemäßer Formgebung anzuerkennen verlangt. Festzuhalten ist, dass Technik sich hier nicht im Namen eines anonymen Zeitgeistes gleichsam selbst objektivierte, sondern dass die künstlerische Vorstellung des Individuums das »Kunststück« zustande brachte, ein Bild der Form zu »konstruieren« und ein Bild der Konstruktion zu »formen«, das beide Seiten mit funktionaler Legitimation und ästhetischer Glaubwürdigkeit gleichermaßen ausstattete.

Mies hat diese besondere künstlerische Leistung von Behrens dadurch anerkannt, dass er ihn den Erfinder der »großen Form« nannte. Man kann von diesem Begriff aus auch eine Verbindung zur architektonischen Arbeit von Mies schlagen, die der Bahn der »großen Form« darin folgte, dass sie moderne Technik zu monumentaler Form »erhob«; oder anders, mit Mies' Worten gesagt, sich »entfalten« ließ. Der feine Unterschied in der Formulierung enthält einen Schlüssel zum Verständnis von Mies: Nicht durch das idealistische »Kunstwollen«, das immer auch eine gewisse künstlerische Gewaltsamkeit in der Setzung der Form beinhaltete, sondern durch das »Dienen« an der inneren Gesetzmäßigkeit tritt für Mies bedeutende architektonische Form ins Leben: Sie kann nicht »erfunden« sondern nur »gefunden« werden, und Aufgabe des Architekten als Baukünstler ist es, sie aus den Bedingungen des Bauens heraus zu entwickeln und zu entfalten.

Mies stellte sich das Ziel, die »Form« aus der Notwendigkeit der Architektur als Konstruktion zu entfalten und hat dabei das alltägliche Bauelement eines Stahlträgers mit seinem T- oder I-Profil genauso unmissverständlich in den Rang des Klassischen erhoben und zum Bedeutungsträger nobilitiert, wie Behrens den Umriss eines Stahlbinders und das Raster der Eisengitters in klassische »Form« verwandelte.

Die Turbinenfabrik von Behrens stellte die Frage, in welchem Maße die Formgebung der Technik ihre Grenzen zeigen soll und darf, und umgekehrt. Behrens trug beiden Aspekten dieser Frage pragmatisch Rechnung, indem er ein Gebäude mit zwei Fassaden oder Gesichtern entwarf. Während die bekannte Straßenansicht dem künstlerischen Willen zur monumentalen Form den Vorzug gibt, bietet die Seitenansicht zum Fabrikhof eine vergleichsweise empirisch anmutende, rein technisch erscheinende »Struktur«. Es spricht manches dafür, dass Mies diese lakonische Seite der Turbinenhalle als neue architektonische Formmöglichkeit begriffen und für sich in einer Reihe von Projekten freigelegt und »entfaltet« hat. Vor allem seine Bauten für den Campus des Armour

Hoffassade der Turbinenhalle.

Mies van der Rohe, Mineral Research Building, Chicago 1945–46.

Institute for Technology in Chicago nach 1940 lassen sich in diesem Lichte betrachten. Hier führt Mies den Prozess der Bloßlegung des Skeletts und der Verfeinerung seiner Strukturelemente mit rigoroser Abstraktion konsequent fort, bis jene auf der Konstruktion fußende architektonische Syntax gefunden ist, die zur unverwechselbaren Signatur seiner amerikanischen Bauten werden sollte.

Dass Behrens für Mies unmittelbarer und konkreter Anknüpfungspunkt gewesen ist, springt förmlich ins Auge, stellt man bestimmte Projekte von beiden nebeneinander. Behrens' Architektur konnte für Mies eine nahezu ideale Ausgangsbasis bilden. Das von Behrens vorgetragene klassizistische Pathos ließ sich ernüchtern und vereinfachen, und diese Methode des Weglassens des überflüssig Erscheinenden und des Abstrahierens hat Mies gemeint, wenn er seine persönliche Arbeitsweise mit den Worten charakterisierte, »fast nichts« zu tun. Gemeint ist ein Konzept des Steigerns durch Reduktion und Abstraktion, wie es der Kunsthistoriker Heinrich Wölfflin als eigentliches Stilmerkmal klassischer Kunst überhaupt herausgestellt hat, und das in der berühmten Wendung »Weniger ist mehr« auch als konzeptuelle Logik der architektonischen Operationen verstanden werden kann.

Mies van der Rohe, Seagram Building, New York 1954–58.

Peters Behrens, Kleinmotorenfabrik der AEG, 1910–13.

Was Behrens etwa in der Fassade der Kleinmotorenfabrik der AEG (1912) nur unter spürbarer Kraftanstrengung gelingt, nämlich dem Baukörper eine Kolonnade mit Kolossal-Pilastern aus Backstein als tektonische Ordnung von Außen aufzuprägen, erreicht Mies im Seagram Building (1958) in New York scheinbar wie selbstverständlich, so als würde die Ordnung seiner Stahl-Pilaster in der Fassade als logische Konsequenz förmlich aus dem Inneren der Konstruktion an die Oberfläche treten. Behrens muß seine architektonische Aussage noch auf monumentale Pilaster aus Stein stützen, in denen die Konstruktion ihren architektonischen Ausdruck finden soll. Die schlanken, dienenden Stahlträger, die bei Behrens im Hintergrund der Fassade über fünf Stockwerke durch Brüstungen und Fensteröffnungen hinweg senkrecht verlaufen, bleiben dagegen als technische Elemente ausdruckslos. Sie stehen als architektonische Elemente zweiter Klasse im Schatten der monumentalen Pfeilerformen in Stein.

Was Mies im Seagram Building gelingt, ist, die Monumentalität, verstanden als Kraft der Form, auf das im Grunde banale technische Element der Metallschiene eines Doppel-T-Trägers zu übertragen. Dabei bleibt dieses Bauelement industrieller Herkunft was es ist: ein genormtes, alltägliches Profil, ein »ready made«, wie tausendfach beim Bau verwendet. Jede formale Zugabe wird vermieden. Die eigentliche »Gestaltung« besteht aus einem genialen »Fast-Nichts« und ist bestechend einfach: Mies lässt den in-

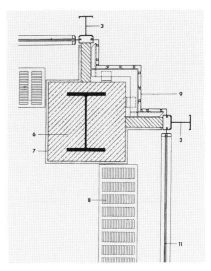

Eckausbildung am Seagram Building. Schnitt durch Ecke am Seagram Building.

dustriellen Stahlträger in ein Bad von Bronze tauchen, was seine Oberfläche materiell veredelt und optisch adelt, als wäre er eine Skulptur. Dermaßen ästhetisch aufgewertet, kann das technische Profil der Stahlschiene als Primärelement und architektonische Würdeformel in Erscheinung treten. Es ist zum eigentlichen Element der architektonischen Aussage geworden, das die Joche der Fassade gliedert, dem Baukörper durch Schattenwirkung sein Oberflächenrelief gibt; und es steigt mit enormer perspektivischer Beschleunigung über die Front des Wolkenkratzers in ganzer Höhe auf und lässt ihn dadurch förmlich zum Himmel auffahren. Der moderne Pilaster des Maschinenzeitalters war geboren. Konnte man der Hoffnung von Mies, Kunst und Technik zu einer Einheit zu verschmelzen, überzeugender und einfacher Ausdruck geben?

Die Bauten von Mies in den USA stehen unter dem künstlerischen Anspruch, die moderne Stahlkonstruktion als architektonischen Bedeutungsträger zu erobern. Gelang dies, so war, wie Mies es formuliert hatte, »das eine Ausdruck des anderen« geworden und eine Architektur gefunden, »die ihren Namen verdient: Architektur als ein wahres Symbol ihrer Zeit.« An der hierfür erforderlichen Entfaltung des metaphysischen bzw. »symbolischen« Potentials der modernen Stahlskelettkonstruktion hat Mies sich als Baukünstler abgearbeitet. Die ästhetische Verfeinerung der Konstruktion zu einer Ordnung mit geistigen Ausdrucksmöglichkeiten betrachtete Mies als das eigentliche Problem der modernen Architektur.

Diesen Weg in die »Ordnung« der Architektur für die neue Zeit hat Mies seit 1922 gesucht. Zunächst tritt er als avantgardistischer Erlöser der Baukunst an, der mittels der Form sprengenden Kräfte der modernen Konstruktion die Baukunst aus den Fesseln der historischen Architektur befreien will. Das kühn und stolz aufragende Skelett sollte auch ästhetisch zum konstitutiven Element des neuen Architekturprojekts werden. Die Wand, von ihrer alten Stützfunktion befreit, wurde überflüssig und sollte verschwinden. Die Bezeichnung »Haut-und-Knochen-Bauten«, die Mies 1923 prägt, macht auch deutlich, dass der moderne Architekt sein metaphorisches Revier über die kulturellen Grenzen der »Architektur« hinaus auf eine biologische Analogie-Ebene verschieben müsse. Eine mystische Einheit von Natur und Technik wird als der quasi darwinistische Nullpunkt einer materialistischen Baukunst beschworen. Die Evolution des modernen »Neuen Bauens« nahm offenbar jenseits der Kunstgeschichte ihren Ausgang. Künstlerisches Wollen und Subjektivität wies Mies 1923 dementsprechend als »ästhetisches Spekulantentum« energisch zurück. Eine neue Objektivität sollte sich im Namen des Zeitgeistes der Baukunst bemächtigen.

»Gestaltet die Form aus dem Wesen der Aufgabe mit den Mitteln unserer Zeit. D a s i s t u n s e r e A r b e i t«[3], so lautet das gegen individualistisches Künstlertum gerichtete Credo von Mies, der bewusst von der »Arbeit« an der Form spricht, in der die Form lediglich ein »Resultat« der Auseinandersetzung mit Funktion, Material und Zweck sei, niemals aber das »Ziel« an sich. Diese Kunstlosigkeit, die alle Formvorstellung kategorisch und imperativisch auf Konstruktion, Zweck und Material reduzierte, wie es auch der moderne Ingenieur tat, sollte für den modernen Architekten als Tribut an die industrielle Welt der Technik und Maschinen verbindlich werden.

Entgegen seinem eigenen architekturtheoretischen Fundamentalismus hat Mies jedoch selbst in den radikal technisch begründeten Entwürfen dieser Zeit feine Anspielungen und subtile Referenzen an klassische Formvorstellungen aufrechterhalten, die sich allerdings erst auf den zweiten Blick als solche zu erkennen geben. So kragen etwa die Stockwerke des Bürohauses aus Beton

3 Mies van der Rohe: *Bürohaus*, in: ›G‹ Nr. 1, Juli 1923, S. 3.

leicht übereinander aus und verhelfen dem mechanisch addiert wirkenden Baukörper zu körperlicher Schwellung, zu einer geheimen »Enthasis«, die sich dem Auge aber nur dann offenbart, wenn man die Breite der Eckfenster über die einzelnen Stockwerke hinweg miteinander vergleicht. Durch Finessen dieser Art widersprach Mies seiner eigenen kruden Logik der positivistischen Form. Letztendlich behielt die Form ein Recht auf eine eigene Existenz, allerdings gut verborgen unter dem Deckmantel radikaler Objektivität, wie es der Zeitgeist verlangte.

In einer zweiten Phase seines Vorhabens, Technik in Kunst zu verwandeln, kehren sich die Verhältnisse förmlich um. An die Stelle der vermeintlichen Mächte von Objektivität und Normativität der Technik tritt bei Mies jetzt die »geistige Entscheidung« als letztgültiges, ausschlaggebendes Kriterium. In der zweiten Hälfte der zwanziger Jahre wird die radikal-materialistische Position aufgegeben und Mies setzt Prämissen idealistischer Natur. 1924 tritt Mies noch voller Überzeugung für eine grundlegende Umgestaltung des Bauwesens im Zeichen der Industrialisierung ein, an die er sogar die Hoffnung einer selbsttätigen Lösung der sozialen, wirtschaftlichen und künstlerischen Fragen knüpft. 1927 erscheint der technische Fortschritt bereits in einem ganz anderen Licht. Als Leiter der Stuttgarter Werkbundsiedlung, die eine Demonstration für Rationalisierung und Typisierung im Wohnungsbau liefern sollte, spricht Mies – im scharfen Gegensatz zu anderen Vertretern des Neuen Bauens wie Walter Gropius oder Ernst May, die ihre Aufgabe gerade darin sehen, diese Methoden auf das Neue Bauen anzuwenden – davon, dass Rationalisierung und Typisierung nur »Schlagworte« seien, die nicht das Wesentliche sondern nur Teilprobleme beträfen. Mies geht es jetzt vielmehr darum, die gestellten Aufgaben »aus der Atmosphäre des Einseitigen und Doktrinären herauszuheben« und er beharrt darauf, »daß das Problem der neuen Wohnung ein baukünstlerisches Problem ist, trotz seiner technischen und wirtschaftlichen Seite.«[4]

Wie stark Mies die Rangfolge seiner Wertvorstellungen umgewertet und einen Bruch mit der mechanistischen Auffassung und der funktionalistischen Doktrin vollzogen hat, macht seine Stellungnahme »Die neue Zeit« auf der Werkbund-Tagung in Wien 1930 deutlich. Jetzt konstatiert Mies, dass der objektive Umstand, ob wir mit industriellen Mitteln Güter produzieren, ob wir hoch oder flach bauen, mit Stahl oder Glas, Backstein oder

4 Mies van der Rohe: Vorwort zur Buchpublikation »*Bau und Wohnung*«, hrsg. v. Deutschen Werkbund, Stuttgart 1927.

Stein, »nichts über den Wert dieses Bauens« besage. Er beharrt auf den Unterschied zwischen »praktischen Fragen« und »Wertfragen« und spricht letzteren das Privileg zu, »entscheidend« zu sein: »Wir haben neue Werte zu setzen, letzte Zwecke aufzuzeigen, um Maßstäbe zu gewinnen. Denn Sinn und Recht jeder Zeit, also auch der neuen, liegt einzig und allein darin, dass sie dem Geist die Voraussetzung, die Existenzmöglichkeit bietet.«[5]

Damit ist der moderne Architekt nicht mehr der Erfüllungsgehilfe des Zeitgeistes, sondern der Gestalter, der den objektiven Kräften eine geistige Zielsetzung gibt. Auch erhält das Bauen seinen kulturellen Wert und Würde nicht mehr als Ausdruck materieller und technischer Bedingungen sondern erst als »räumlicher Vollzug geistiger Entscheidung«, wie Mies die Baukunst 1928 definiert. Diese Umwertung hat ihre eigenen architektonischen Konsequenzen. Das Skelett ist demzufolge nicht mehr das anatomisch objektive und abstrakte Ideal der anzuschauenden Konstruktion; es erhält vielmehr die Funktion eines räumlichen Wahrnehmungsapparats, dessen immanente »technische« Leistung eine neue Erfahrung von Subjekt und Objekt ist, nämlich dadurch, dass es ein neues Verhältnis von Umschließung und Öffnung, Innen und Außen, von Körper und Raum ermöglicht. Mit anderen Worten gesagt, das architektonische Raumerlebnis wird jetzt wichtiger als die Selbstdarstellung der Konstruktion.

Allein die für die Bauten von Mies charakteristische architektonische Grunddisposition, nämlich die Teilung des Bauwerks in eine dialektische Anordnung von Podium und asymmetrisch gelagertem Pavillon, die sich durch das Werk von Mies vom Erstlingsbau, dem Haus Riehl in Neubabelsberg von 1909 bis zum letzen Projekt, der Neuen Nationalgalerie in Berlin, in unvergleichlichem morphologischen Variantenreichtum verfolgen lässt, deutet auf die raumbezogene künstlerische Qualität der Architektur von Mies hin, über die er im Gegensatz zur Technik kaum ein Wort verloren hat.

Der Beitrag, den die moderne Technik der Ingenieurs-Konstruktionen zur Raumwirkung geleistet hat, liegt in der Erfahrung einer neuen Dimension der Weite und Höhe. Auch kann sich der moderne Baukörper im Extrem technisch in ein »Fast-Nichts« an Struktur räumlich auflösen, – einem technischen Wunder der Transparenz, das seit dem Kristallpalast von 1851 an Stahl- und

5 Mies van der Rohe: *Die neue Zeit.* Schlußworte der Rede, gehalten auf der Wiener Tagung des Deutschen Werkbundes, v. 22.–26. Juni 1930, in: Die Form, (5) 1930, H. 15, S. 406, erneut abgedruckt in: Die Form, 7.1932, H.10, S. 306.

Glasbauten immer wieder bestaunt worden ist. Diesem Staunen ein bewusstes ästhetisches Erlebnis, sprich ein auf architektonischer Gestaltung beruhendes Erfahrungsäquivalent zur Seite zu stellen, bedeutet Technik und Kunst auf einer neuen Ebene im Wahrnehmungsakt zu transzendieren. Diese Möglichkeit hat Mies gegen Ende der zwanziger Jahre mit den Häusern Esters und Lange, dem Barcelona Pavillon und dem Haus Tugendhat grundsätzlich ausgelotet. Es sind Bauten, die den Betrachter zu einem integralen Teil der Konstruktion der räumlichen Bedingungen des Bauwerks machen, indem sie eine Fülle von Durch- und Ausblicken, farbigen Oberflächen und opulenten Materialien zu einem einzigartigen, überwältigenden Raumgenuss verdichten, wie ihn das Neue Bauen als ästhetisches Erlebnis ansonsten nicht hervorgebracht hat.

In Barcelona durchschreitet der Betrachter eine Sequenz von Rahmungen und ineinander übergehenden Freiräumen. Der Bau wird als eine grandiose morphologische Transformation erlebbar, deren Komplexität sich erst dadurch erschließt, dass man mit jedem Schritt in das Spiel der Gegensätze von Innen und Außen, von Begrenzung und Öffnung einbezogen wird. Was von einem Standpunkt aus noch als von drei Seiten umschlossener Innenhof erscheint, beginnt sich mit den nächsten Schritten in eine Komposition aus frei stehenden Wandscheiben zu öffnen und umgekehrt. Mies verbindet den elementaren architektonischen Vorgang der räumlichen Umschließung mit einem neuen Maß der Freiheit der Bewegung im Raum. Der Raum wird als Wahrnehmungsform das entscheidende Element der Mies'schen Architektur. Für dessen Verwirklichung auf einem neuen Niveau werden moderne Konstruktion und Technik benötigt. Beide sind nicht nur passive Mittel, die der Raumidee dienen; sie sind auch die Träger eines neuen Raumgefühls, denn ohne sie lässt sich das neue Maß an Offenheit weder in der Aufteilung des Grundrisses noch im Verhältnis von Öffnung und Umschließung realisieren. Damit wirken Konstruktion und Technik auch maßgeblich am Erscheinungsbild des Bauwerkes mit, dessen Klarheit der Gestalt alles Überflüssige entbehren kann.

Das Wesentliche, auf das Mies die architektonische Gestalt reduziert hat, macht sie unverwechselbar. Zur Mies'schen Signatur gehört der Gegensatz von Transparenz und Masse, wie er schon in der Kombination von Podium und Pavillon, von massivem

Mies van der Rohe, Barcelona Pavillon, 1929; Rekonstruktion 1986.

Mies van der Rohe, Neue Nationalgalerie Berlin, 1968.

steinernem Sockel und luftigen Stahl- und Glaskonstruktionen kaum kontrastreicher ausfallen könnte. Dazu gehört eine neue Dimension an Weiträumigkeit, in der sich Tragen und Lasten, Schweben und Ruhen harmonisch verbinden. Die Allgegenwart von Maß und Proportion verleiht den Mies-Bauten ihre Unerschütterlichkeit. Auch die selbstverständliche Verwendung von Materialien wie Marmor oder Travertin, die der moderne Architekt als unzeitgemäß ablehnte, gehört zur Aura seiner Architektur. Keinem anderen Architekten ist es wie Mies gelungen, Transparenz und Monumentalität – für die meisten Architekten unvereinbare Gegensätze wie Feuer und Wasser –, miteinander zu versöhnen. Schließlich lebt die architektonische Gestalt auch im technischen Detail der Konstruktion mit dem lakonischen Glanz von Lösungen, an denen Mies mitunter über Jahrzehnte mit Genauigkeit, Hingabe und Feingefühl gefeilt hat.

Seit 1938 hat Mies auf amerikanischem Boden versucht, der modernen Stahl-und-Glas-Konstruktion eine universale Grammatik moderner Baukunst abzuringen. Wenn Mies von der »klaren und einfachen Konstruktion« als dem Ziel seiner Architektur spricht, so ist damit ein hochkomplexer Balanceakt mit einer Ästhetik der Verfeinerung gemeint, denn das Einfache ist alles andere als simpel. Die »klare und einfache Konstruktion« bezeichnet keine technische, sondern eine gestalterische Qualität der Architektur. Sie entsteht nicht aus der Selbstverwirklichung von Technik, was viele moderne Architekten des 20. Jahrhunderts im allgemeinen Fortschrittswahn geglaubt haben, sondern geht aus der Auseinandersetzung mit im Grunde zeitlosen »architektonischen« Werten hervor.

In einem seiner letzten in Deutschland verfassten, unveröffentlicht gebliebenen Texte, »Was wäre Beton, was wäre Stahl ohne Spiegelglas?« von 1933,[6] hat Mies diese Auffassung in aller Deutlichkeit vertreten: Stahl und Glas lassen dem »Skelettbau seine eindeutige konstruktive Gestalt und sichern ihm seine architektonischen Möglichkeiten«. Deshalb sind sie für Mies »echte Bauelemente und Träger einer neuen Baukunst. Sie lassen ein Maß an Freiheit in der räumlichen Gestaltung, auf das wir nicht mehr verzichten werden. Jetzt erst können wir den Raum frei gliedern, ihn öffnen und in die Landschaft binden.« Bis hier hatte der moderne Architekt in ihm gesprochen, der auf Konstruktion und Technik als Garanten von Zeitgenossenschaft und neuen Möglichkeiten setzt. Aus den unmittelbar nachfolgenden Sätzen spricht ein anderer Mies; einer, dem das genuin architektonische Phänomen am Herzen liegt, dem überzeitliche Bedeutung zukommt: »Jetzt zeigt sich wieder, was Wand und Öffnung ist, was Boden und Decke. Die Einfachheit der Konstruktion, die Klarheit der tektonischen Mittel und die Reinheit des Materials tragen den Glanz ursprünglicher Schönheit.«

6 Mies van der Rohe: *Was wäre Beton, was Stahl ohne Spiegelglas?* Beitrag zu einem Prospekt des Vereins Deutscher Spiegelglas-Fabriken vom 13.März 1933, nicht erschienen. In: Fritz Neumeyer: *Mies van der Rohe. Das kunstlose Wort. Gedanken zur Baukunst*, Berlin 1986, S. 378.

In der ersten Fassung dieses Textes hatte Mies den Schluss abweichend formuliert: »Die Einfachheit der Konstruktion, die Klarheit der tektonischen Mittel und die Reinheit des Materials werden die Träger einer neuen Schönheit.«[7] Nimmt man Mies beim Wort, so scheint es für ihn in der Architektur keine »Neue Schönheit« zu geben, es sei denn, es offenbart sich in ihr das Ursprüngliche. Auch lässt sich diesen Sätzen entnehmen, dass Mies seine Mission als moderner Architekt darin erfüllt sieht, dem Bauen im Zeitalter der Technik etwas vom Glanz ursprünglicher Schönheit einzuhauchen.

In welchem Maße dieses gelungen ist, dafür ist der letzte Bau von Mies, die Berliner Nationalgalerie, deren stählerne Stützen zu Säulen werden, das eindrücklichste Beispiel. Auch überrascht es nicht, dass die Kritik in diesem Bauwerk den modernen stählernen Tempel des 20. Jahrhunderts erblickt hat.

Dieser Text wurde ins Deutsche übertragen von Antje Korsmeier.

---

7 Ebenda.

Dokumentenanhang

Hochhäuser
Ohne Titel erschienen in:
»Frühlicht«, (1) 1922, H. 4,
S. 122 ff.

Nur im Bau befindliche Wolkenkratzer zeigen die kühnen konstruktiven Gedanken und überwältigend ist dann der Eindruck der hochragenden Stahlskelette. Mit der Ausmauerung der Fronten wird dieser Eindruck vollständig zerstört, der konstruktive Gedanke, die notwendige Grundlage für die künstlerische Gestaltung vernichtet und meist von einem sinnlosen und trivialen Formenwust überwuchert. Im besten Fall imponiert jetzt nur die tatsächliche Größe, und doch hätten diese Bauten mehr sein können als eine Manifestation unseres technischen Könnens. Allerdings müßte man auf den Versuch verzichten, mit den überlieferten Formen eine neue Aufgabe zu lösen, vielmehr ist aus dem Wesen der neuen Aufgabe heraus die Gestaltung ihrer Form zu versuchen.

Das neuartige konstruktive Prinzip dieser Bauten tritt dann klar hervor, wenn man für die nun nicht mehr tragenden Außenwände Glas verwendet. Die Verwendung von Glas zwingt allerdings zu neuen Wegen. Bei meinem Entwurf für das Hochhaus am Friedrichsbahnhof in Berlin, für das ein dreieckiger Bauplatz zur Verfügung stand, schien mir für diesen Bau eine dem Dreieck angepaßte prismatische Form die richtige Lösung zu sein, und ich winkelte die einzelnen Frontflächen leicht gegeneinander, um der Gefahr der toten Wirkung auszuweichen, die sich oft bei der Verwendung von Glas in großen Flächen ergibt. Meine Versuche an einem Glasmodell wiesen mir den Weg, und ich erkannte bald, daß es bei der Verwendung von Glas nicht auf eine Wirkung von Licht und Schatten, sondern auf ein reiches Spiel von Lichtreflexen ankam. Das habe ich bei dem anderen hier veröffentlichten Entwurf angestrebt. Bei oberflächlicher Betrachtung erscheint die Umrißlinie des Grundrisses willkürlich, und doch ist sie das Ergebnis vieler Versuche an dem Glasmodell. Für die Kurven waren bestimmend die Belichtung des Gebäudeinneren, die Wirkung der Baumasse im Straßenbild und zuletzt das Spiel der erstrebten Lichtreflexe. Umrißlinien des Grundrisses, bei dem die Kurven auf Licht und Schatten berechnet waren, erwiesen sich am Modell bei der Verwendung von Glas als grundsätzlich ungeeignet. Die einzigen im Grundriß feststehenden Punkte sind die Treppen- und Aufzugstürme.

Alle anderen Unterteilungen des Grundrisses sollen den jeweiligen Bedürfnissen angepaßt und in Glas ausgeführt werden.

Jede ästhetische Spekulation,
jede Doktrin   l e h n e n wir ab.
und jeden Formalismus

Bürohaus
In: »G« Nr. 1, Juli 1923, S. 3

Baukunst ist raumgefaßter Zeitwille.
Lebendig. Wechselnd. Neu.

Nicht das Gestern, nicht das Morgen, nur das Heute ist formbar.
Nur dieses Bauen gestaltet.

Gestaltet die Form aus dem Wesen der Aufgabe mit den Mitteln
unserer Zeit.

D a s   i s t   u n s e r e   A r b e i t

B Ü R O H A U S

Das Bürohaus ist ein Haus der Arbeit der Organisation der Klarheit der Ökonomie.

Helle weite Arbeitsräume, übersichtlich, ungeteilt, nur gegliedert wie der Organismus des Betriebes. Größter Effekt mit geringstem Aufwand an Mitteln.

Die Materialien sind Beton Eisen Glas.

Eisenbetonbauten sind ihrem Wesen nach Skelettbauten.

Keine Teigwaren noch Panzertürme. Bei tragender Binderkonstruktion eine nichttragende Wand. Also Haut- und Knochenbauten.

Die zweckmäßigste Einteilung der Arbeitsplätze war für die Raumtiefe maßgebend; diese beträgt 16 m. Ein zweistieliger Rahmen von 8 m Spannweite mit beiderseitigen Konsolauskragungen von 4 m Länge wurde als das ökonomischste Konstruktionsprinzip ermittelt. Die Binderentfernung beträgt 5 m. Dieses Bindersystem trägt die Deckenplatte, die am Ende der Kragarme senkrecht hochgewinkelt Außenhaus wird und als Rückwand der Regale dient, die aus dem Rauminnern der Übersichtlichkeit wegen in die Außenwände verlegt wurden. Über den 2 m hohen Regalen liegt ein bis zur Decke reichendes durchlaufendes Fensterband.

Berlin, Mai 1923

Bauen
In: »G« Nr. 2, September 1923,
S. 1

Wir kennen keine Form, sondern nur Bauprobleme.
Die Form ist nicht das Ziel, sondern das Resultat unserer Arbeit.
Es gibt keine Form an sich.
Das wirklich Formvolle ist bedingt, mit der Aufgabe verwachsen, ja der elementarste Ausdruck ihrer Lösung.
Form als Ziel ist Formalismus; und den lehnen wir ab. Ebensowenig erstreben wir einen Stil.
Auch der Wille zum Stil ist formalistisch.
Wir haben andere Sorgen.
Es liegt uns gerade daran, die Bauerei von dem ästhetischen Spekulantentum zu befreien und Bauen wieder zu dem zu machen, was es allein sein sollte, nämlich
BAUEN.
Der Versuch, den Eisenbeton als Baumaterial für den Wohnhausbau einzuführen, ist schon wiederholt gemacht worden. Meist aber in ungenügender Weise. Die Vorzüge dieses Materials hat man nicht ausgenutzt und seine Nachteile nicht vermieden. Man glaubte dem Material genügend Rechnung zu tragen, wenn man die Ecken des Hauses und die der einzelnen Räume abrundete. Die runden Ecken sind für den Beton gänzlich belanglos und nicht einmal ganz einfach herzustellen. Es genügt natürlich nicht, ein Backsteinhaus in Eisenbeton zu übertragen. Den Hauptvorzug des Eisenbeton sehe ich in der Möglichkeit großer Materialersparnis. Um diese bei einem Wohnhaus zu ermöglichen, muß man die tragenden und stützenden Kräfte auf wenige Punkte des Gebäudes konzentrieren. Der Nachteil des Eisenbeton ist seine geringe Isolierfähigkeit und seine große Schalleitbarkeit. Es ist also notwendig, eine besondere Isolation als Schutz gegen Außentemperaturen vorzusehen. Das einfachste Mittel, den Übelstand der Schallübertragung zu beseitigen, scheint mir darin zu liegen, alles das, was Schall erzeugt, auszuschließen; ich denke hier an Gummiböden, Schiebefenster und -türen und ähnliche Vorkehrungen; dann aber auch an eine Großräumigkeit in der Grundrißbildung. – Der Eisenbeton verlangt vor seiner Ausführung genaueste Festlegung der gesamten Installation; hier kann der Architekt vom Schiffsingenieur noch alles lernen. Beim Backsteinbau ist es möglich, wenn auch nicht gerade sinnvoll, sofort nach dem Richten des Daches die Heizungs- und Installations-Monteure auf das Haus loszulassen, die in kurzer Zeit das kaum errichtete Haus in eine Ruine verwandeln. Ein solches Verfahren ist allerdings beim Eisenbeton ausgeschlossen. Hier kann nur disziplinertes Arbeiten zum Ziele führen.

Das oben abgebildete Modell zeigt einen Versuch, dem Problem des Eisenbeton beim Wohnhausbau näher zu kommen. Der Hauptwohnteil wird von einem vierstiligen Bindersystem getragen. Dieses Konstruktionssystem wird umschlossen von einer dünnen Eisenbetonhaut. Diese Haut bildet gleichzeitig Wand und Decke. Die Decke ist von den Aussenwänden zur Mitte hin leicht geneigt. Die durch die Schrägstellung der beiden Dachflächen gebildete Rinne ermöglicht die denkbar einfachste Entwässerung des Daches. Alle Klempnerarbeiten kommen hierdurch in Fortfall. Aus den Wänden habe ich an den Stellen Öffnungen herausgeschnitten, wo ich sie für die Aussicht und Raumbeleuchtung brauchte.

Nicht die baukünstlerischen Leistungen lassen uns die Bauten früherer Zeiten so bedeutungsvoll erscheinen, sondern der Umstand, daß antike Tempel, römische Basiliken und auch die Kathedralen des Mittelalters nicht Werke einzelner Persönlichkeiten, sondern Schöpfungen ganzer Epochen sind. Wer fragt angesichts solcher Bauten nach Namen, und was bedeutet die zufällige Persönlichkeit ihrer Erbauer? Diese Bauten sind ihrem Wesen nach ganz unpersönlich. Sie sind reine Träger eines Zeitwillens. Hierin liegt ihre tiefste Bedeutung. Nur so konnten sie Symbole ihrer Zeit werden.

Baukunst und Zeitwille!
In: »Der Querschnitt«, (4) 1924, H.1, S. 31f.

Baukunst ist immer raumgefaßter Zeitwille, nichts anderes. Ehe diese einfache Wahrheit nicht klar erkannt wird, kann der Kampf um die Grundlagen einer neuen Baukunst nicht zielsicher und mit wirksamer Stoßkraft geführt werden; bis dahin muß er ein Chaos durcheinander wirkender Kräfte bleiben. Deshalb ist die Frage nach dem Wesen der Baukunst von entscheidender Bedeutung. Man wird begreifen müssen, daß jede Baukunst an ihre Zeit gebunden ist und sich nur an lebendigen Aufgaben und durch die Mittel ihrer Zeit manifestieren läßt. In keiner Zeit ist es anders gewesen.

Deshalb ist es ein aussichtsloses Bemühen, Inhalt und Formen früherer Bauepochen unserer Zeit nutzbar zu machen. Selbst die stärkste künstlerische Begabung muß hier scheitern. Wir erleben immer wieder, daß hervorragende Baumeister nicht zu wirken vermögen, weil ihre Arbeit nicht dem Zeitwillen dient. Sie sind letzten Endes trotz ihrer großen Begabung Dilettanten, denn es ist bedeutungslos, mit welchem Elan das Falsche getan wird. Auf das Wesentliche kommt es an. Man kann nicht mit zurückgewandtem Blick vorwärts schreiten und nicht Träger eines Zeitwillens sein, wenn man in der Vergangenheit lebt. Es ist ein alter Trugschluß fernstehender Betrachter, für die Tragik solcher Fälle die Zeit verantwortlich zu machen.

Das Streben unserer Zeit ist auf das Profane gerichtet. Die Bemühungen der Mystiker werden Episode bleiben. Trotz einer Vertiefung unserer Lebensbegriffe werden wir keine Kathedralen bauen. Auch die große Geste der Romantiker bedeutet uns nichts, denn wir spüren dahinter die Leere der Form. Unsere Zeit ist unpathetisch, wir schätzen nicht den großen Schwung, sondern die Vernunft und das Reale.

Die Forderungen der Zeit nach Sachlichkeit und Zweckmäßigkeit sind zu erfüllen. Geschieht das großen Sinnes, dann werden die Bauten unserer Tage die Größe tragen, deren die Zeit fähig ist, und nur ein Narr kann behaupten, daß sie ohne Größe sei.

Fragen allgemeiner Natur stehen im Mittelpunkt des Interesses. Der Einzelne verliert immer mehr an Bedeutung; sein Schicksal interessiert uns nicht mehr. Die entscheidenden Leistungen auf allen Gebieten tragen einen objektiven Charakter und ihre Urheber sind meist unbekannt. Hier wird der große anonyme Zug unserer Zeit sichtbar. Unsere Ingenieurbauten sind hierfür typische Beispiele. Riesige Wehre, große industrielle Anlagen und wichtige Brücken entstehen mit der größten Selbstverständlichkeit, ohne daß ihre Schöpfer bekannt werden. Diese Bauten zeigen auch die technischen Mittel, derer wir uns ins Zukunft zu bedienen haben.

Vergleicht man die mammuthafte Schwere römischer Aquädukte mit den spinnedünnen Kraftsystemen neuzeitlicher Eisenkrane, die massigen Gewölbekonstruktionen mit der schnittigen Leichtigkeit neuer Eisenbetonbauten, so ahnt man, wie sehr sich Form und Ausdruck unserer Bauten von denen früherer Zeit unterscheiden werden. Auch die industriellen Herstellungsmethoden werden hierauf nicht ohne Einfluß bleiben. Der Einwand, daß es sich hier nur um Zweckbauten handle, bleibt ohne Bedeutung.

Verzichtet man auf jede romantische Betrachtungsweise, so wird man auch in den Steinbauten der Antike, den Ziegel- und Betonkonstruktionen der Römer sowie in den mittelalterlichen Kathedralen unerhört kühne Ingenieurleistungen erkennen, und es ist mit Bestimmtheit anzunehmen, daß die ersten gotischen Bauten in ihrer romanischen Umgebung als Fremdkörper empfunden wurden.

Erst dann werden unsere Nutzbauten ins Baukünstlerische hineinwachsen, wenn sie bei ihrer Zweckerfüllung Träger des Zeitwillens sind.

Die Notwendigkeit einer Industrialisierung des Bauwesens wurde noch vor kurzer Zeit von fast allen beteiligten Kreisen bestritten, und ich betrachte es als einen Fortschritt, daß diese Frage jetzt schon von einem größeren Kreise ernsthaft erörtert wird, wenn auch erst wenige hiervon wirklich überzeugt sind. Die fortschreitende Industrialisierung auf allen Gebieten hätte auch das Baugewerbe ohne Rücksicht auf veraltete Anschauungen und Gefühlswerte ergriffen, wenn hier nicht besondere Umstände hindernd den Weg versperrten. In der Industrialisierung des Bauwesens sehe ich das Kernproblem des Bauens unserer Zeit. Gelingt es uns, diese Industrialisierung durchzuführen, dann werden sich die sozialen, wirtschaftlichen, technischen und auch künstlerischen Fragen selbsttätig lösen. Die Frage, wie die Industrialisierung durchzuführen ist, läßt sich vielleicht dann beantworten, wenn wir festzustellen versuchen, was ihr hindernd bisher im Wege stand. Die Vermutung, daß rückständige Betriebsformen Ursache hierzu seien, trifft nicht zu. Sie sind nicht Ursache, sondern Wirkung eines Zustandes, und sie stehen in keinem Gegensatz zu dem Charakter der alten Bauwirtschaft. Der Versuch zu neuen Betriebsformen ist wiederholt unternommen worden und hat nur die Teile des Bauwesens erfaßt, die eine Industrialisierung zuließen. Auch wird der Montagecharakter des heutigen Bauens zweifellos überschätzt. Der gesamte Rohbau und große Teile des Innenausbaus werden seit undenklichen Zeiten in derselben Weise ausgeführt und tragen einen rein handwerklichen Charakter. Dieser Charakter ist weder durch Wirtschaftsformen noch durch Arbeitsmethoden zu verändern, und gerade er sichert den Kleinbetrieben ihre Lebensfähigkeit. Man kann natürlich durch die Verwendung größerer und anderer Steinformate Material und Arbeitslöhne ersparen, wie die neuen Bauweisen zeigen, doch auch das verändert in keiner Weise den handwerklichen Charakter des Bauens; wobei noch zu beachten ist, daß das Ziegelmauer-

Industrielles Bauen
in: »G« Nr. 3, Juni 1924, S. 8–13

werk gegenüber diesen neuen Bauweisen unbestreitbare Vorzüge aufweist. Es kommt nicht so sehr auf eine Rationalisierung der bisherigen Werkmethoden an, als auf eine grundlegende Umgestaltung des Bauwesens überhaupt.

Solange wir im wesentlichen dieselben Materialien verwenden, wird sich der Charakter des Bauens nicht ändern, und dieser Charakter bestimmt, wie ich vorhin schon erwähnte, letzten Endes die Betriebsformen. Die Industrialisierung des Bauwesens ist eine Materialfrage. Deshalb ist die Forderung nach einem neuen Baumaterial erste Voraussetzung. Es muß und wird unserer Technik gelingen, ein Baumaterial zu erfinden, das sich technisch herstellen und industriell verarbeiten läßt, das fest, wetterbeständig, schall- und wärmesicher ist. Es wird ein Leichtmaterial sein müssen dessen Verarbeitung eine Industrialisierung nicht nur zuläßt, sondern erfordert. Die industrielle Herstellung aller Teile läßt sich erst im Fabrikationsprozeß wirklich rationalisieren, und die Arbeit auf der Baustelle wird dann ausschließlich einen Montagecharakter tragen und auf eine ungeahnt kurze Zeit beschränkt werden können. Das wird eine bedeutende Verbilligung der Baukosten zur Folge haben. Auch werden die neuen baukünstlerischen Bestrebungen ihre eigentlichen Aufgaben finden. Ich bin mir klar, daß das Baugewerbe hierdurch in seiner bisherigen Form vernichtet wird, wer aber bedauern würde, daß das Haus der Zukunft nicht mehr von Bauhandwerkern hergestellt werden kann, möge bedenken, daß auch das Automobil nicht mehr vom Stellmacher erbaut wird.

Zum neuen Jahrgang
In: »Die Form«, (2) 1927, H.1, S.1
Mit seinen beiden berühmt gewordenen Briefen an den Herausgeber der vom Deutschen Werkbund edierten Zeitschrift »Die Form«, Walter Riezler, wandte Mies sich gegen die Namensgebung der Zeitschrift. Die kurze Debatte zwischen Riezler und Mies um den Formbegriff wurde in der »Form« öffentlich ausgetragen.

Lieber Herr Dr. Riezler!
Darf ich Ihnen in dem Augenblick, wo Sie die Herausgabe der Zeitschrift des Deutschen Werkbundes übernehmen, einen Vorschlag machen? Geben Sie dem Blatt einen anderen Titel. Irgendeinen neutralen Titel, der auf den Werkbund hinweist.
Sie werden fragen, was ich gegen den bisherigen Titel habe?
Liegt in dem Titel »Die Form« nicht ein allzugroßer Anspruch?
Ein Anspruch, der sehr verpflichtet? Doch das wäre noch keine Gefahr. Verpflichtet er nicht in eine falsche Richtung?
Lenken wir hierdurch nicht den Blick vom Wesentlichsten fort?
Ist Form wirklich ein Ziel?
Ist sie nicht vielmehr das Ergebnis eines Gestaltungsprozesses?
Ist der Prozeß nicht das Wesentliche?

Hat nicht eine kleine Verschiebung seiner Bedingungen ein anderes Ergebnis zur Folge?
Eine andere Form?
Deshalb würde ich wünschen, wir marschieren ohne Fahne.
Überlegen Sie meinen Vorschlag einmal.
Ihr Mies van der Rohe

Ich wende mich nicht gegen die Form, sondern nur gegen die Form als Ziel.
Und zwar tue ich das aus einer Reihe von Erfahrungen heraus und der dadurch gewonnenen Einsicht.

Form als Ziel mündet immer in Formalismus.
Denn dieses Streben richtet sich nicht auf ein Innen, sondern auf ein Außen.
Aber nur ein lebendiges Innen hat ein lebendiges Außen.

Nur Lebensintensität hat Formintensität.
Alles Wie wird getragen von einem Was.
Das Ungeformte ist nicht schlechter als das Übergeformte.
Das eine ist nichts und das andere ist Schein.
Wirkliche Form setzt wirkliches Leben voraus.
Aber kein gewesenes und auch kein gedachtes.

Hier liegt das Kriterium.

Wir werten nicht das Resultat, sondern den Ansatz des Gestaltungsprozesses.
Gerade dieser zeigt, ob vom Leben her die Form gefunden wurde oder um ihrer selbst willen.

Deshalb ist mir der Gestaltungsprozeß so wesentlich.
Das Leben ist uns das Entscheidende.
In seiner ganzen Fülle, in seinen geistigen und realen Bindungen.

Ist es nicht eine der wichtigsten Aufgaben des Werkbundes, die geistige und reale Situation, in der wir stehen, aufzuhellen, sichtbar zu machen, ihre Strömungen zu ordnen und dadurch zu führen?
Muß man nicht alles andere den schöpferischen Kräften überlassen?

Über die Form in der Architektur
In: »Die Form«, (2) 1927, H. 2, S. 59

Vorwort
zum amtlichen Katalog der Stuttgarter Werkbund-Ausstellung »Die Wohnung« vom 23. Juli bis 9. Oktober, hrsg. v. d. Ausstellungsleitung, Stuttgart 1927

Die Probleme der Neuen Wohnung wurzeln in der veränderten materiellen, sozialen und geistigen Struktur unserer Zeit; nur von hier aus sind diese Probleme zu begreifen.

Der Grad der Strukturveränderung bestimmt Charakter und Ausmaß der Probleme. Sie sind jeder Willkür entzogen. Mit Schlagworten sind sie nicht zu lösen, mit Schlagworten aber auch nicht fortzudiskutieren.

Das Problem der Rationalisierung und Typisierung ist nur ein Teilproblem. Rationalisierung und Typisierung sind nur Mittel, dürfen niemals Ziel sein. Das Problem der Neuen Wohnung ist im Grunde ein geistiges Problem und der Kampf um die Neue Wohnung nur ein Glied in dem großem Kampf um neue Lebensformen.

Zu meinem Block
In: »Bau und Wohnung«, Hrsg. v. Deutschen Werkbund Stuttgart 1927, S. 77

Wirtschaftliche Gründe fordern heute beim Bau von Mietwohnungen Rationalisierung und Typisierung ihrer Herstellung. Diese immer steigende Differenzierung unserer Wohnbedürfnisse aber erfordert auf der andern Seite größte Freiheit in der Benützungsart. Es wird in Zukunft notwendig sein, beiden Teilen gerecht zu werden. Der Skelettbau ist hierzu das geeignetste Konstruktionssystem. Er ermöglicht eine rationelle Herstellung und läßt der inneren Raumaufteilung jede Freiheit. Beschränkt man sich darauf, lediglich Küche und Bad ihrer Installation wegen als konstante Räume auszubilden, und entschließt man sich dann noch, die übrige Wohnfläche mit verstellbaren Wänden aufzuteilen, so glaube ich, daß mit diesen Mitteln jedem berechtigten Wohnanspruch genügt werden kann.

Das konstruktive System ist ein Eisenskelettbau, dessen Gefache mit halbsteinstarken Wänden ausgefüllt sind und die an den Außenwänden gegen Temperaturschwankungen mit 4 cm starken Trofplatten belegt und mit einem Putzträger überspannt wurden.

Die Trennwände zwischen den einzelnen Wohnungen, wie auch die Treppenhauswände wurden gegen Schall mit 2 cm starken Torfplatten geschützt.

Für die massiven Decken wurde folgende Ausführung vorgeschrieben: Steineisendecken nach dem Systeme Kleine, hierauf eine 2 cm starke Sandschüttung mit Gipsestrich als Unterlage für den Linoleumbelag.

Als Putzträger wurden Tektonplatten vorgeschrieben, die an zwischen den Eisenträgern eingespannten Holzriegeln befestigt wurden.

Für die Terrassen wurde eine Biehnsche Dichtung vorgesehen.

Das Dach besteht aus einer Massivdecke, die mit einer doppelten Lage Ruberoid gedeckt wurde.

Für den ganzen Block ist eine zentrale Warmwasserheizungs- und Warmwasserbereitungsanlage vorgesehen. Sämtliche Rohrleitungen liegen frei vor der Wand, die Lichtleitungen unter Putz.

Die Außenflächen des Gebäudes sind mit Zementmörtel verputzt.

Die Fenster sind als Rekordfenster so konstruiert, daß sich die Flügel im geöffneten Zustande aufeinanderlegen lassen.

Baukunst ist nicht Gegenstand geistreicher Spekulation, sie ist in Wahrheit nur als *Lebensvorgang* zu begreifen, sie ist der Ausdruck dafür, wie sich der Mensch gegenüber der Umwelt behauptet und wie er sie zu meistern versteht. Die Kenntis der Zeit, ihrer Aufgaben und Mittel, sind notwendige Voraussetzungen baukünstlerischen Schaffens, *Baukunst ist immer der räumliche Ausdruck geistiger Entscheidung.*

Die Entwicklung des *Verkehrs* wird größer. Die Welt schrumpft mehr und mehr zusammen, sie wird immer sichtbarer bis zum letzten Winkel. Weltbewußtsein und Bewußtsein der Menschheit sind die Folgen.

Wirtschaft beginnt zu herrschen, alles steht im Dienste ihrer Nutzung. Rentabilität wird Gesetz. Technik bringt ökonomische Haltung, verwandelt Materie in Kraft, Quantität in Qualität. *Technik* setzt Kenntnis der Naturgesetze voraus und arbeitet mit ihren Kräften. Höchste Nutzung der Kraft wird bewußt ausgeführt. Wir stehen in der Wende der Zeit.

Wir stehen in der Wende der Zeit. Baukunst als Ausdruck geistiger Entscheidung
In: »Innendekoration«, (39) 1928, H.6, S. 262

Meine Damen und Herren!
Baukunst ist mir nicht Gegenstand geistreicher Spekulationen. Von Theorien und bestimmten Systemen verspreche ich mir nichts. Nichts aber auch von einer ästhetischen Haltung, die nur die Oberfläche berührt. Baukunst ist nur von einem geistigen Zentrum aus aufzuschliessen und nur als Lebensvorgang zu begreifen.

Die Voraussetzungen baukünstlerischen Schaffens
Vortrag, gehalten Ende Februar 1928 in der Staatlichen Kunstbibliothek Berlin, am 5. März 1928 auf Einladung der Arbeitsgemeinschaft für Frauenbestrebungen, des Museumsvereins und der Kunstgewerbeschule Stettin in der Aula des Marienstiftsgymnasiums in Stettin

sowie am 7. März auf Einladung der Frankfurter Gesellschaft für Handel, Industrie und Wissenschaft in Frankfurt a. M.; unveröffentlichtes Manuskript in: Archiv Dirk Lohan, Chicago

Baukunst ist die räumliche Auseinandersetzung des Menschen mit seiner Umwelt und der Ausdruck dafür, wie er sich darin behauptet und wie er sie zu meistern versteht. Deshalb ist Baukunst nicht nur ein technisches Problem, ein Problem der Organisation und der Wirtschaft. Baukunst ist in Wahrheit immer der räumliche Vollzug geistiger Entscheidungen. Sie ist an ihre Zeit gebunden und kann nur an lebendigen Aufgaben und durch die Mittel ihrer Zeit manifestiert werden. Die Kenntnis der Zeit, ihrer Aufgaben und Mittel ist die notwendige Voraussetzung baukünstlerischer Arbeit.

Nicht der Mangel an Begabung sondern der Mangel an Klarheit über diese Zusammenhänge scheint mir Ursache der verwirrenden und unzulänglichen Ergebnisse unserer heutigen Baukunst zu sein.

Da nicht jedem die Ergebnisse mit der nötigen Prägnanz vor Augen stehen und Worte ihren eindeutigen Sinn verloren haben, will ich die Situation, in der wir uns befinden, an einer Reihe von Bildern deutlich machen und von dieser Basis aus meine Untersuchungen anstellen. Ich werde selbstverständlich nur solche Arbeiten zeigen, die verdienen, ernst genommen zu werden. Die Zusammenstellung der Abbildungen bedeutet keinerlei Wertung, sondern ist lediglich in der Absicht einer scharfen Charakterisierung vorgenommen worden. Auch werde ich zu den Bildern keinerlei Stellung nehmen, da ich überzeugt bin, daß der chaotische Charakter unserer Baukunst unverhüllt hervortritt.

(Bilder)

Das ist die heutige Baukunst. Wir haben allen Grund von diesem Resultat auf entsprechende Ursachen zu schließen.

Chaos ist immer Zeichen einer Anarchie. Anarchie ist immer eine Bewegung ohne Ordnung. Bewegung ohne zentrale Richtung. Schon einmal war Chaos. Als die Ordnung der Antike in der Spätantike zerbrach. Aber aus diesem Chaos bildete sich eine neue Ordnung, die Ordnung des Mittelalters. Im Anschluss an die platonische Ideenlehre hat Augustin die Grundidee der mittelalterlichen Weltanschauung gestaltet. In der Ordnungsidee des Mittelalters lebt, wenn auch in ganz neuen Dimensionen, jener Maßgeist, den Plato darstellte und begründete. Das edelste Erbe der Antike.

Die Idee der Ordnung beherrschte das geistige Leben des Mittelalters und verwirklichte sich in seiner Gesellschaft, nirgends aber so sehr wie in ihren sozialen Ideen. Die Gesellschaft hatte durch das mittelalterliche Standessystem eine ungeheure Statik. Die Stände waren nicht nur eine wirtschaftliche, sondern vor allem eine vitale und geistige Tatsache. Ehre und Pflicht, Recht und Solidarität in allen sozialen Dingen war von ihnen untrennbar. Ihre Rangfolge entsprach der objektiv richtigen Folge von geistigen Lebens- und Nutzwerten. Diese natürliche Standesordnung war die Grundlage für die Gesundheit der damaligen Gesellschaft. Das Leben des mittelalterlichen Menschen ist durch und durch bestimmt von einer ihm ganz sicheren Ansicht über den Sinn des Lebens.

(Bild: Straßburg)

Alles ist auf ein geistiges Ziel gerichtet. Erkennen steht vor der Tat. Glauben und Wissen sind noch nicht auseinander getreten. Diese Idee der Ordnung ist der Ausgangspunkt der Wandlung, die wir aufzeigen wollen.

Der Zersetzung der mittelalterlichen Lebensform geht die der geistigen Struktur voraus. Der Zersetzungprozess beginnt mit dem Versuch Dunes Skotus, dem Wissen sein eigenes Gebiet und Recht zu wahren.

In der Übersteigerung des Allmachtsbegriffes durch Wilhelm von Occam wird die Ordnungsidee zerstört. Die fortgenommene Ordnung läßt leere Nomina zurück. Im Sieg des Nominalismus drückt sich der Sieg des der Realität zugewandten Geistes aus, lange bevor er sich in der Realität selbst ausdrückte. Dieser Geist war antimittelalterlich. Damit beginnt die Renaissance. Diese geht zwar auf die antiken Quellen des Mittelalters zurück, wird damit lebendiger und freier, aber sie trägt schon die immanenten Tendenzen des Verfalls in sich. War im Mittelalter der Mensch der Gemeinschaft innerlich und äußerlich verbunden, so tritt jetzt eine große Loslösung des Individuums ein, welches in der Ausgestaltung seiner Anlagen und in der Entwicklung seiner Kräfte sein Recht sieht.

Diese Entwicklung ist die Grundlage der geistigen Freiheit geworden, des Willens, von sich aus zu denken und selbst zu forschen.

Der Gegensatz von Bildung und Unbildung war die Folge. Der Gegensatz, der dem sozialen Zustande Europas eine neue Form gab und dessen Auswirkung zu jenen Problemen führte, die heute noch vor uns liegen.

Die mangelnde Bildung ist Ursache der Übersteigerung der Persönlichkeit und der Entfesselung des Willens zur Macht und ungebändigter Willkür. Mehr und mehr gleitet der Stützpunkt des geistigen Lebens in den Willen hinüber. Die Tat des auf sich gestellten Einzelnen wird immer bedeutungsvoller. Man studierte die Natur, die Beherrschung der Natur wurde Sehnsucht der Zeit.

Die darin liegenden ungeheuren Möglichkeiten für die Menschheit wurden erkannt. Bacon von Verulam, der englische Staatsmann und Philosoph, wandte sich gegen die rein betrachtende Wissenschaft, gegen die Wissenschaft als Selbstzweck, erkannte ihren Nutzwert und forderte, daß sie dem Leben diene. Er stellte das Wissen in den Dienst der Kultur und führte Methode und Experiment in die Wissenschaft ein. Wir stehen am Beginn eines Neuen.

Im gleichen Jahrhundert begann die schicksalsvolle Verknüpfung von Eisen und Kohle. Die Wissenschaft tritt in den Dienst der Technik und der Ökonomik, verschafft sich ein bestimmtes Maß von Einsicht in die Kräfte der Natur und bricht von hier aus in ihren geschlossenen Zusammenhang ein. Dampf, Elektrizität und chemische Energien werden aus ihrem natürlichen Zusammenhang gelöst. Ihr rationales Gesetz wird erkannt und ihre Wirksamkeit entfesselt.

Im Menschen bildet sich eine entsprechende Haltung und der Wille und die Fähigkeit zur mechanisch rationalen Arbeit. Getragen von jenem Willen wirkt sich die isolierte Naturkraft aus. Ganz frei setzt dieser Wille seine Ziele, stellt sie in den Dienst des Nutzens und erzwingt von der beherrschten Naturkraft ihre Ausführung. Nichts scheint mehr unmöglich. Damit beginnt die Herrschaft der Technik. Alles unterliegt ihrer Wirkung.

Sie löst den Menschen aus seiner Gebundenheit, macht ihn freier und wird seine grosse Helferin, durchbricht die Abgeschlossenheit der Landschaften und überbrückt die größten Entfernungen. Die Welt schrumpft mehr und mehr zusammen, wird übersehbar und bis in ihre letzten Winkel erforscht. Die Völker werden in ihrer Eigenart deutlich.

Ihre soziologischen und wirtschaftlichen Strukturen werden aufgedeckt. Weltbewußtsein und ein Bewußtsein der Menschheit ist die Folge. Auch der Mensch rückt in den Kreis der Bewußtwerdung.
Physiologische und psychologische Kenntnisse werden Allgemeingut und bestimmen die Lebensart.

Technik gibt tausend Mittel der Bewußtmachung. Nichts geschieht mehr unbeobachtet. Wir überschauen uns selbst und die Welt, in der wir stehen. Wir haben Bewußtheit als Haltung.

Gleichzeitig und im Zusammenhang mit dieser Entwicklung setzt eine ungeheuere Bevölkerungszunahme ein.

(Bild: Stadion)
Masse bildet sich, wirft ganz neue Probleme auf, wirtschaftlicher und sozialer Natur.

(Bild: Krupp)
Technik ist das Mittel ihrer Lösung.

(Bild: Leipzig)
Verkehr entwickelt sich.

(Bild: New York)
Verkehr dient der Wirtschaft. Wirtschaft wird die grosse Verteilerin, greift in alle Gebiete ein, zwingt den Menschen in ihren Dienst.

(Bild: N.Y. Straße)
Wirtschaft beginnt zu herrschen. Alles steht im Dienste des Nutzens. Rentabilität wird Gesetz. Technik zwingt zu ökonomischer Haltung, verwandelt Materie in Kraft, Quantität in Qualität. Höchste Nutzung der Kraft wird bewußt herbeigeführt.

Meine Damen und Herren!
Mir schien es notwendig, wenn auch in großen Sprüngen, den Gang der Entwicklung zu verfolgen, denn nur aus ihrer Kenntnis kann das Geschehen unserer Tage voll verstanden werden.

Wir haben die Struktur unserer Zeit bloßgelegt und gefunden, daß uns Bewußtheit, Wirtschaft und Technik, und die Tatsache der Masse als neue Komponenten gegeben sind. Die Auswirkung dieser Strukturveränderung will ich Ihnen an einigen Beispielen zeigen:

(Bild: Viadukt, Akustik Paris)
Wissenschaftliches Bemühen um die Kenntnis akustischer Gesetze wird nutzbar gemacht und beginnt seinen Einfluß auf die Gestaltung großer Säle auszuüben. Dieses Bild zeigt einen Konzertsaal in Paris für 3000 Personen.

(Bild: {Entwurf zum Völkerbundspalast von} Hannes Meyer)
Und dieses Bild entstammt einem Entwurf zu dem Völkerbundspalast und zeigt den Schnitt duch den großen Sitzungssaal.

(Bild: Lampe, Lichtstrahlung)
Eine weitere Wirkung wissenschaftlicher Arbeit zeigt dieses Bild. Es ist die Darstellung der Lichtstrahlung, die der Paulsenlampe zugrunde liegt.

(Bild: Lampe)
Diese rein technisch-wissenschaftliche Arbeit führte zu diesem Resultat. Diese Lampe ist nicht das Ergebnis eines Entwurfes, sondern eine Konstruktion.

Das sind erstaunliche Leistungen, das alles sind Resultate des Willens, einer rücksichtslosen Disciplin. Technik folgt eigenen Gesetzen und ist nicht auf den Menschen bezogen. Wirtschaft wird Selbstzweck und zwingt zu neuen Bedürfnissen. Autonome Tendenzen aller Kräfte setzen sich durch. Ihr Sinn scheint die Erreichung einer bestimmten Entwicklungsstufe. Aber sie erhalten ein bedrohliches Übergewicht. Ungehindert toben sie voran. Der Mensch ist in einen Wirbel hineingerissen. Jeder Einzelne sucht sich zu behaupten, von sich aus mit den Gewalten fertig zu werden. Wir stehen in der Wende der Zeiten. Grad und Intensität dieses Erlebnisses bestimmen die Haltung des Einzelnen. Daher das Chaotische der Erscheinungen, die Vielfältigkeit der Strömungen.

Sie werden nun verstehen, warum das Ergebnis auf baukünstlerischem Gebiet so verwirrend sein muß, wie ich es Ihnen aufzeigte. Aber auch in diesem Chaos sind deutlich verschiedene Strömungen sichtbar. Sie sahen, daß eine Gruppe den Glauben hat, auch in unserer veränderten Welt mit den Mitteln und Methoden vergangener Epochen die Aufgaben unserer Zeit gestalten zu können. Ihr Schaffen scheint bestimmt durch die Sorge um den Verlust unendlicher Kostbarkeiten. Und durch den Glauben an die Unmöglichkeit, in der harten und klaren Atmosphäre der Technik und der Bewußtheit künstlerische und seelische Werte entfalten zu können. Wir haben kein Recht, ihre Leistungen gering zu achten, auch dann nicht, wenn wir selbst in dem Glauben stehen, daß die Welt, der sie zuneigen und in der sie wurzeln, mehr und mehr versinkt. Wir sind verpflichtet, ihre Mühen zu schätzen, denn sie geben Werte und Erkenntnisse weiter, die wir nicht verlieren dürfen. Sie glauben noch an die Lebenskraft der alten Ordnung.

Einige Wenige stehen in der Mitte, sind dem Alten noch verbunden und halten sich dem Neuen offen.

Für die andere Gruppe hat die alte Ordnung in der Gewohnheit Sinn und Leben verloren. Sie wird ihr unerträglich. Sie bejaht die neue Welt und steht im Kampf mit ihren Mitteln. Sie tastet eben erst die neuen Möglichkeiten der Gestaltung ab. Sie experimentiert, sie ist in ihrer Arbeit ungebunden und steht nicht mehr im Schutze von Konventionen.

Zu Beginn meines Vortrages habe ich darauf hingewiesen, daß Baukunst stets an ihre Zeit gebunden ist und sich nur an lebenden Aufgaben und durch die Mittel ihrer Zeit manifestieren kann. Ich war bemüht, die Wandlung unserer Zeit aufzuzeigen und die in ihr wirkenden Kräft sichtbar zu machen. Unsere Zeit ist uns keine äußerliche Bahn, in der wir laufen. Sie sind uns aufgegeben als Aufgabe, die wir bewältigen sollen. Wir sehen ihre gewaltige Kraft und ihren Willen zur Verantwortung. Ihre Entschlossenheit, mit der sie zum Äußersten ansetzt.

Wir haben sie zu bejahen, auch wenn uns ihre Kräfte noch so bedrohlich erscheinen. Der entfesselten Kräfte müssen wir Herr werden und sie in eine neue Ordnung bauen, und zwar in eine Ordnung, die dem Leben freien Spielraum zu seiner Entfaltung läßt. Ja eine Ordnung aber, die auf den Menschen bezogen ist.

Das aber kann nicht von den technischen Problemen selbst her geschehen, sondern nur von dem lebendigen Menschen. So ungeheuer das Wissen ist, so riesenhaft der wirtschaftliche Apparat, so gewaltig die Technik, sie ist doch nur Rohmaterial an lebendigen Maßstäben gemessen.

Wir brauchen nicht weniger, sondern mehr Technik. Wir sehen in der Technik die Möglichkeit, uns frei zu machen, die Möglichkeit, der Masse zu helfen. Wir brauchen nicht weniger aber geistigere Wissenschaft, nicht weniger aber reifere wirtschaftliche Energien. All das wird erst möglich, wenn der Mensch sich selbst in der sachlichen Natur zur Geltung bringt, und wenn er sie auf sich selbst bezieht.

Es muß möglich sein, die Bewußtheit zu steigern und sie doch vom rein Intellektuellen zu lösen. Es muß möglich sein, Illusionen fallen zu lassen, unser Dasein scharf umgrenzt zu sehen und doch eine neue Unendlichkeit zu gewinnen, eine Unendlichkeit, die aus dem Geiste hervorgeht.

Es muß möglich sein, die Aufgabe der Naturbeherrschung zu lösen und zugleich eine neue Freiheit zu schaffen.

Es muß möglich sein, den Aristokratismus der kleinen Zahl verschwinden zu sehen, der Tatsache der Masse stattzugeben, der Tatsache, daß jeder der Vielen ein Recht auf Leben und Güter hat. Masse darf uns nicht Schablone sein. Sie ist aus sich heraus zu gliedern, denn nur so sind die in ihr wirkenden Kräfte dem Ganzen nutzbar zu machen.

Der Weg führt vom Extensiven ins Intensive. Das alles kann aber nur sein, wenn wir den Glauben an die schöpferischen Kräfte wiederfinden, wenn wir der Kraft des Lebens vertrauen.

Die neue Zeit
Schlußworte der Rede, gehalten auf der Wiener Tagung des Deutschen Werkbundes, v. 22.–26. Juni 1930.
In: »Die Form«, (5) 1930, H. 15, S. 406, erneut abgedruckt in: »Die Form«, (7) 1932, H.10, S. 306

Die neue Zeit ist eine Tatsache; sie existiert ganz unabhängig davon, ob wir »ja« oder »nein« zu ihr sagen. Aber sie ist weder besser noch schlechter als irgendeine andere Zeit. Sie ist eine pure Gegebenheit und an sich wertindifferent. Deshalb werde ich mich nicht lange bei dem Versuch aufhalten, die neue Zeit deutlich zu machen, ihre Beziehungen aufzuzeigen und die tragende Struktur bloßzulegen.

Auch die Frage der Mechanisierung, der Typisierung und Normung wollen wir nicht überschätzen.

Und wir wollen die veränderten wirtschaftlichen und sozialen Verhältnisse als eine Tatsache hinnehmen.

Alle diese Dinge gehen ihren schicksalhaften und wertblinden Gang.

Entscheidend wird allein sein, wie wir uns in diesen Gegebenheiten zur Geltung bringen.

Hier erst beginnen die geistigen Probleme.

Nicht auf das »Was«, sondern einzig und allein auf das »Wie« kommt es an.

Daß wir Güter produzieren und mit welchen Mitteln wir fabrizieren, besagt geistig nichts.

Ob wir hoch oder flach bauen, mit Stahl und Glas bauen, besagt nichts über den Wert dieses Bauens.

Ob im Städtebau Zentralisation oder Dezentralisation angestrebt wird, ist eine praktische, aber keine Wertfrage.

Aber gerade diese Frage nach dem Wert ist entscheidend.

Wir haben neue Werte zu setzen, letzte Zwecke aufzuzeigen, um Maßstäbe zu gewinnen.

Denn Sinn und Recht jeder Zeit, also auch der neuen, liegt einzig und allein darin, daß sie dem Geist die Voraussetzung, die Existenzmöglichkeit bietet.

Die raumstürzende Macht beider wäre gebunden, ja aufgehoben; bliebe reines Versprechen.

Die gläserne Haut, die gläsernen Wände erst lassen dem Skelettbau seine eindeutige konstruktive Gestalt und sichern ihm seine architektonischen Möglichkeiten. Nicht nur in den grossen Zweckbauten. Zwar setzt hier auf der Grundlage von Zweck und Notwendigkeit eine Entwicklung ein, die keiner Rechtfertigung mehr bedarf, deren volle Entfaltung aber sich nicht hier, sondern im Bereich der Wohnhausbauten vollziehen wird.

Hier, in einem Bezirk größerer Freiheit, ohne Bindung enger Zwecke, läßt sich erst der baukünstlerische Wert dieser technischen Mittel voll erweisen.

Es sind echte Bauelemente und Träger einer neuen Baukunst. Sie lassen ein Maß an Freiheit in der räumlichen Gestaltung, auf das wir nicht mehr verzichten werden. Jetzt erst können wir den Raum frei gliedern, ihn öffnen und in die Landschaft binden. Jetzt zeigt sich wieder, was Wand und Öffnung ist, was Boden und Decke.

Die Einfachheit der Konstruktion, die Klarheit der tektoni-

Was wäre Beton, was Stahl ohne Spiegelglas?
Beitrag zu einem Prospekt des Vereins Deutscher Spiegelglas-Fabriken vom 13. März 1933, nicht erschienen.
Manuskript in: LoC.

schen Mittel und die Reinheit des Materials tragen den Glanz ursprünglicher Schönheit.

In der 1. Fassung des Manuskripts, in: LoC, abweichender Text:

Es sind wirkliche Bauelemente, aus denen sich eine neue reichere Baukunst entwickeln wird. Sie lassen uns ein Maß an Freiheit in der räumlichen Gestaltung, auf das wir nicht mehr verzichten wollen. Jetzt erst können wir den Raum gliedern, ihn öffnen und in die Landschaft binden, damit erfüllt sich das Raumbedürfnis heutiger Menschen. Die Einfachheit der Konstruktion, die Klarheit der tektonischen Mittel und die Reinheit des Materials werden die Träger einer neuen Schönheit.

Antrittsrede
als Direktor der Architekturabteilung am Armour Institute of Technology (AIT), 20. November 1938, anläßlich des Testimonial Dinner im Palmer House, Chicago. Manuskript in: LoC. Wiedergabe in: Philip Johnson, Mies van der Rohe, New York 1947, S. 196–200, Werner Blaser, Mies van der Rohe, Lehre und Schule, Stuttgart/Basel 1977, S. 28 ff.

Jede Erziehung wird sich zunächst zu richten haben auf den praktischen Bereich des Lebens. Soll aber von wirklicher Erziehung gesprochen werden können, so muß sie darüber hinaus den personalen Bezirk erreichen und zu einer Forderung des Menschen führen.

Das erste soll den Mensch befähigen, sich im praktischen Leben zu behaupten. Es vermittelt ihm das hierzu nötige Wissen und Können. Das zweite Ziel richtet sich auf eine Durchbildung der Persönlichkeit. Es soll ihn befähigen, von dem erworbenen Wissen und Können den rechten Gebrauch zu machen.

Echte Erziehung zielt also nicht nur auf Zwecke, sondern auch auf Werte. Mit unseren Zwecken sind wir gebunden an die spezielle Struktur unserer Epoche.

Werte hingegen sind verankert in der geistigen Bestimmung des Menschen. Unsere Zwecksetzungen bestimmen den Charakter unserer Zivilisation, unsere Wertsetzungen die Höhe unserer Kultur.

So sehr Zweck und Wert wesensmäßig unterschiedlich sind und verschiedenen Ebenen entstammen, so sehr sind sie doch einander zugeordnet.

Auf was sollten sich auch sonst unsere Wertsetzungen beziehen, wenn nicht auf unsere Zwecke, und woher sollten Zwecke ihren Sinn erhalten, wenn nicht durch Werte.

Beide Bezirke erst begründen menschliches Dasein. Der eine sichert dem Menschen seine vitale Existenz; der andere aber ermöglicht erst ein geistiges Dasein des Menschen.

Haben diese Sätze Gültigkeit für jedes menschliche Tun, selbst für die leiseste Äußerung eines Wertgefälles, um wieviel mehr sind sie bindend für das Gebiet der Baukunst.

Baukunst wurzelt mit ihren einfachsten Gestaltungen ganz im Zweckhaften. Reicht aber hinaus über alle Wertstsufen bis in den Bezirk geistigen Seins, in das Gebiet des Sinnhaften, der Sphäre der reinen Kunst.

Jede Baulehre hat diesem Sachverhalt Rechnung zu tragen, soll sie ihr Ziel erreichen.

Sie hat sich diesem Strukturgefüge anzupassen.

Sie kann in Wirklichkeit gar nichts anderes sein als eine tätige Auseinanderfaltung all dieser Beziehungen und Abhängigkeiten.

Sie soll Schritt für Schritt das deutlich machen, was möglich, notwendig und sinnvoll ist.

Wenn Lehren überhaupt einen Sinn hat, dann hat es den, zu bilden und zu verpflichten.

Es hat fortzuführen von der Unverbindlichkeit der Meinung in die Verbindlichkeit der Einsicht.

Herauszuführen aus dem Bereich des Zufalls und der Willkür in die klare Gesetzmäßigkeit einer geistigen Ordnung.

Deshalb führen wir unsere Studenten den zuchtvollen Weg vom Material über die Zwecke der Gestaltung.

Wir wollen sie in die gesunde Welt primitiver Bauten führen, dort wo noch jeder Beilhieb etwas bedeutet und wo ein Meißelschlag eine wirkliche Aussage war.

Wo tritt mit gleicher Klarheit das Gefüge eines Hauses oder Baus mehr hervor als in den Holzbauten der Alten?

Wo mehr die Einheit von Material, Konstruktion und Form?

Hier liegt die Weisheit ganzer Geschlechter verborgen.

Welcher Sinn für das Material und welche Ausdrucksgewalt spricht aus diesen Bauten?

Welche Wärme strahlen sie aus, und wie schön sind sie. Sie klingen wie alte Lieder.

Im Steinbau finden wir das gleiche. Welches natürliche Gefühl spricht aus ihm?

Welches klare Verständnis für Material, welche Sicherheit in seiner Verwendung, welcher Sinn für das, was man in Stein machen kann und darf. Wo finden wir einen solchen Reichtum in der Struktur. Wo finden wir mehr gesunde Kraft und natürliche Schönheit als hier. Mit welcher selbstverständlichen Klarheit ruht eine Balkendecke auf diesen alten Steinmauern, und mit welchem Gefühl schnitt man eine Tür aus diesen Wänden.

Wo anders sollten junge Architekten aufwachsen als in der frischen Luft dieser gesunden Welt und wo anders sollten sie einfach und klug handeln lernen als bei diesen unbekannten Meistern.

Der Backstein ist ein anderer Lehrmeister. Wie geistvoll ist schon das kleine, handliche, für jeden Zweck brauchbare Format.

Welche Logik zeigt sein Verbandsgefüge. Welche Lebendigkeit sein Fugenspiel.

Welchen Reichtum besitzt noch die einfachste Wandfläche. Aber welche Zucht verlangt dieses Material.

So besitzt jedes Material seine besonderen Eigenschaften, die man kennenlernen muss, um mit ihm arbeiten zu können.

Das gilt auch vom Stahl und vom Beton. Wir versprechen uns an sich gar nichts von den Materialien, sondern nur etwas von dem rechten Umgang mit ihnen.

Auch die neuen Materialien sichern uns keine Überlegenheit. Jeder Stoff ist nur das wert, was wir aus ihm machen.

Wie wir die Materialien kennenlernen wollen, so auch die Natur unserer Zwecke.

Wir wollen sie klar analysieren. Wir wollen wissen, was ihr Inhalt ist. Worin sich ein Wohnhaus von einem anderen Gebäude wirklich unterscheidet.

Wir wollen wissen, was es sein kann, was es sein muß und was es nicht sein darf.

Wir wollen also sein Wesen kennenlernen.

So werden wir jeden auftretenden Zweck untersuchen und seinen Charakter herausarbeiten und ihn zur Grundlage der Gestaltung machen.

So wie wir uns eine Kenntnis der Materialien verschaffen – so wie wir die Natur unserer Zwecke kennenlernen wollen –, so wollen wir auch den geistigen Ort kennenlernen, in dem wir stehen.

Das ist eine Voraussetzung für richtiges Handeln im kulturellen Bezirk. Auch hier müssen wir wissen, was ist, denn wir stehen in Abhängigkeit von unserer Epoche.

Deshalb müssen wir die tragenden und treibenden Kräfte unserer Zeit kennenlernen. Wir müssen eine Analyse ihrer Struktur vornehmen; und zwar der Materialien, der funktionellen und der geistigen.

Wir wollen klären, worin unsere Epoche mit früheren Epochen übereinstimmt und worin sie sich von diesen unterscheidet.

Hier wird das Problem der Technik in den Blick der Studenten treten.

Wir werden versuchen, echte Fragen zu stellen.

Fragen nach Wert und Sinn der Technik.

Wir wollen zeigen, daß sie uns nicht nur Macht und Größe verheißt, sondern auch Gefahren in sich schließt.

Daß auch für sie das Gute und Böse gilt. Und daß sich der Mensch hier richtig entscheiden muß.

Jede Entscheidung führt aber in eine bestimmte Ordnung.

Deshalb wollen wir auch die möglichen Ordnungen beleuchten und ihre Prinzipien klarlegen.

Wir wollen das mechanistische Ordnungsprinzip als eine Überbetonung materieller und funktioneller Tendenzen kennzeichnen.

Es befriedigt nicht unseren Sinn für die dienende Funktion des Mittels und unser Interesse für Würde und Wert.

Das idealistische Ordnungsprinzip aber kann in seiner Überbetonung des Ideellen und Formalen weder unser Interesse an der Wahrheit und Einfachheit befriedigen noch unseren praktischen Verstand.

Wir werden das organische Ordnungsprinzip deutlich machen als eine Sinn- und Massbestimmung der Teile und ihres Verhältnisses zum Ganzen.

Und hierfür werden wir uns entscheiden.

Der lange Weg vom Material über die Zwecke zu den Gestaltungen hat nur das eine Ziel:

Ordnung zu schaffen in dem heillosen Durcheinander unserer Tage.

Wir wollen aber eine Ordnung, die jedem Ding seinen Platz gibt. Und wir wollen jedem Ding das geben, was ihm zukommt, seinem Wesen nach.

Das wollen wir tun auf eine so vollkommene Weise, daß die Welt unserer Schöpfungen von innen her zu blühen beginnt.

Mehr wollen wir nicht. Mehr aber können wir nicht.

Durch nichts wird Ziel und Sinn unserer Arbeit mehr erschlossen als durch das tiefe Wort von St. Augustin:

»Das Schöne ist der Glanz des Wahren!«

Die Technik wurzelt in der Vergangenheit.

Sie beherrscht die Gegenwart und reicht hinein in die Zukunft. Sie ist eine echte historische Bewegung – eine der großen Bewegungen, die ihre Epoche formen und repräsentieren. Sie kann nur verglichen werden mit der Entdeckung der Persönlichkeit durch die Griechen, mit dem römischen Willen zur Macht und der religiösen Bewegung des Mittelalters.

Die Technik ist weit mehr als eine Methode, sie ist eine Welt für sich.

Technik und Architektur
in: »Arts and Architecture«, 67. 1950, H.10, S. 30 ; übersetzt in: Ulrich Conrads (Hrsg.), Programme und Manifeste zur Architektur des 20. Jahrhunderts, Berlin 1964, S. 146

Als Methode ist sie in beinahe jeder Hinsicht überlegen. Aber nur dort, wo sie ganz sich selbst überlassen bleibt, wie etwa in den gigantischen Bauten der Ingenieure, dort enthüllt die Technik ihre wahre Natur.

Dort wird offenbar, daß sie nicht nur ein nützliches Mittel, sondern etwas Eigenständiges ist, etwas, das einen Sinn hat und kraftvolle Form – so kraftvoll, daß sie nicht leicht zu benennen ist.

Ist das noch Technik oder ist es Architektur?

Und das mag der Grund sein, warum manche Leute überzeugt sind, daß die Architektur durch die Technik überholt und ersetzt werden wird. Eine solche Überzeugung beruht nicht auf klarem Denken. Das Gegenteil geschieht.

Wo immer die Technik ihre wirkliche Erfüllung findet, dort erhebt sie sich in die Sphäre der Architektur. Es ist richtig, daß die Architektur von Fakten abhängig ist, aber ihr eigentliches Wirkungsfeld liegt im Bereich des Ausdrucks. Ich hoffe, Sie werden verstehen, daß Architektur nichts zu tun hat mit der Erfindung von Formen. Sie ist kein Tummelplatz für Kinder, kleine oder große.

Architektur ist der echte Kampfplatz des Geistes.

Architektur schrieb die Geschichte der Epochen und gab ihnen ihre Namen.

Die Architektur hängt von ihrer Zeit ab. Sie ist die Kristallisation ihrer inneren Struktur, die allmähliche Entfaltung ihrer Form.

Das ist der Grund, warum Technik und Architektur so eng verwandt sind.

Unsere wahre Hoffnung ist es, daß sie zusammenwachsen, daß eines Tages die eine der Ausdruck der anderen sein wird. Nur dann werden wir eine Architektur haben als das wahre Symbol unserer Zeit.

Wohin gehen wir nun?
In: Bauen und Wohnen, (15) 1960, H. 11, S. 391

Das Lehren und meine Arbeit haben mich davon überzeugt, wie nötig Klarheit im Tun und im Denken ist.

Ohne Klarheit gibt es kein Verstehen.

Ohne Verstehen gibt es keine klare Richtung – sondern nur Verwirrung.

Manchmal erfaßt die Verwirrung auch große Menschen – wie in der Zeit um 1900.

Als Wright, Berlage, Behrens, Olbrich, Loos und van de Velde arbeiteten, taten sie es alle in einer anderen Richtung.

Ich wurde oft von Studenten, Architekten und interessierten Laien gefragt: »Wohin gehen wir nun?«

Es ist natürlich weder notwendig noch möglich, jeden Montagmorgen eine neue Architektur zu erfinden.

Wir sind nicht am Ende, sondern am Anfang einer neuen Epoche. Diese Epoche wird von einem neuen Geist bestimmt und von neuen technologischen, soziologischen und ökonomischen Kräften angetrieben werden, und sie wird neue Werkzeuge und Materialien besitzen. Aus diesem Grunde werden wir auch eine neue Architektur haben.

Aber die Zukunft kommt nicht von selber. Nur indem wir unsere Arbeit richtig tun, legen wir ein gutes Fundament für die Zukunft. In all diesen Jahren habe ich immer mehr gelernt, daß Architektur kein Spiel mit Formen ist. Ich habe die enge Verwandtschaft von Architektur und Zivilisation kennengelernt. Ich habe begriffen, daß Architektur sich aus der stützenden und treibenden Kraft der Zivilisation entwickeln muß und daß sie in ihren besten Werken der Ausdruck der innersten Struktur ihrer Zeit sein kann.

Der Aufbau der Zivilisation ist nicht einfach, da er sich in die Vergangenheit, die Gegenwart und die Zukunft teilt. Er ist schwierig zu definieren und zu verstehen. Was der Vergangenheit angehört, ist in sich selbst nicht zu ändern. Die Gegenwart muß bejaht und gemeistert werden. Aber die Zukunft steht offen – offen für den schöpferischen Gedanken und die schöpferische Tat.

Aus diesem Hintergrund wächst die Architektur hervor. Daraus folgt, daß die Architektur nur mit den bedeutendsten Elementen der Zivilisation in Verbindung stehen sollte. Nur ein Verhältnis, welches das innerste Wesen der Zeit berührt, ist wirklich. Ich nenne dieses Verhältnis ein Wahrheits-Verhältnis. Wahrheit im Sinne von Thomas von Aquin: als Adaequatio intellectus et rei, als Gleichheit von Gedanke und Sache. Oder wie ein Philosoph sich in der heutigen Sprache ausdrücken würde: Wahrheit bedeutet Tatsachen.

Nur eine solche Beziehung vermag das vielgestaltige Wesen der Zivilisation zu umfassen. Nur so wird Architektur in die Entwicklung der Zivilisation einbezogen werden. Und nur so wird sie die langsame Entfaltung ihrer Form ausdrücken.

Das war und wird die Aufgabe der Architektur sein. Es ist gewiß eine schwierige Aufgabe. Aber Spinoza hat uns gelehrt, daß die großen Dinge nie einfach sind. Sie sind so schwierig, wie sie selten sind.

Biographische Übersicht

1886 Am 27. März wird Ludwig Maria Mies in Aachen als fünftes Kind des Maurer- und Steinmetzenmeisters Michael Mies und dessen Frau Amalie Rohe, einer Wallonin aus dem belgischen Montjoie, geboren; nach 1921 fügt er seinem Nachnamen Mies den der Mutter in leichter Abwandlung zu – *van der* war frei erfunden, denn sie besaß keine adlige Herkunft.

1897–1904 Mies besucht die Grundschule und das Progymnasium an der Domschule zu Aachen, das er jedoch nach drei Jahren wieder verlässt. Bis 1902 lernt er kurzzeitig auf der Gewerbeschule in Aachen und arbeitet im Steinmetzenbetrieb des Vaters sowie auf verschiedenen Baustellen. Er belegt Kurse an der örtlichen Abend- und Sonntagsschule, der späteren Baugewerksschule. Von 1903 bis 1904 wird der talentierte 17-jährige Ornamentzeichner in einer Stuckfirma.

1905 Mies geht nach Berlin; er nimmt er zunächst eine Stelle bei einem Architekten an, der sich auf Holzkonstruktion spezialisiert hat, bevor er 1906 ins Atelier von Bruno Paul wechselt, dem führenden Vertreter der deutschen Kunstgewerbebewegung, um sich mit Möbelentwurfsarbeiten zu beschäftigen.

1907 Der Autodidakt erhält seinen ersten Bauauftrag als selbständiger Architekt. Für den Philosophieprofessor Alois Riehl entwirft er ein Wohnhaus im neoklassizistischen Stil: Haus Riehl in Potsdam-Neubabelsberg.

1908–1911 Mies wird Mitarbeiter bei Peter Behrens. In dessen Berliner Architektenbüro begegnet er Walter Gropius und Le Corbusier. Er ist beteiligt an der Umsetzung des Baus der Halle der AEG-Turbinenfabrik 1909 in den klaren Formen eines modernen Industriebaus. Zur gleichen Zeit wird ihm die Bauleitung des Gebäudes der Deutschen Botschaft in St. Petersburg, einem klassizistischen Projekt von Behrens, übertragen. Im Geist dieser Tradition entwirft Mies 1911 das Haus Hugo Perls in Berlin.

1912–1914 Mies arbeitet als freischaffender Architekt in Berlin. Es entsteht sein Entwurf des Hauses Kröller (Den Haag), bei dem er nach einer horizontalen Auflösung des vertikal betonten Baukörpers sucht. 1913 heiratet er Ada Bruhn, deren Familie eines Erfinders und Unternehmers zur kulturellen Elite Berlins gehörte und Mies nützliche Kontakte, u. a. zu dem Kunsthistoriker Heinrich Wölfflin verschafft. Aus Mies' Ehe (seit 1921 lebt man getrennt) gehen drei Töchter hervor; spätere Lebensgefährtinnen sind Lilly Reich (bis 1938) und Lora Marx (ab 1940).

1915–1918 Mies leistet seinen Militärdienst, der ihm zum Straßen- und Brückenbau auf dem Balkan, insbesondere in Rumänien, verpflichtet. 1918 kehrt er zurück nach Berlin.

1919–1937 Mies arbeitet wieder als freischaffender Architekt in der Reichshauptstadt. In der Vielfalt der künstlerischen Richtungen der Anfangsjahre der Weimarer Republik organisiert er mehrere Ausstellungen, die die Konstruktionsmethoden und Gestaltungsprinzipien des Neuen Bauens zeigen.

1921 Mies tritt der bereits 1919 gegründeten »Novembergruppe« bei, einem Bündnis fortschrittlicher Künstler und Kulturschaffender, das beeinflusst von den revolutionären Novemberereignissen für die Demokratisierung des Kunstbetriebs eintritt; er übernimmt die Leitung der Sektion Architektur (bis 1925). Seit 1923 schreibt er Beiträge für die von dem De Stijl-Fotografen und Filmemacher Hans Richter herausgegebene Zeitschrift »G« (Gestaltung). In der Inflationszeit gelingt Mies die Umsetzung seiner Architekturentwürfe nur mit einigen Landhäusern in der Umgebung von Berlin.

1926 Mies übernimmt die Funktion des Vizepräsidenten des Deutschen Werkbundes; dieses Amt hat er bis 1932 inne.

1927 Mies wird die Leitung der Werkbundausstellung »Die Wohnung« übertragen; er entwirft den Generalplan für die Weißenhofsiedlung in Stuttgart und lädt europäische Architekten zur Mitwirkung ein. Er selbst errichtet auf diesem Gelände den Wohnblock Am Weißenhof 14–20.

1928 Der Architekt wird Leiter der deutschen Abteilung der Internationalen Ausstellung 1929 in Barcelona, für die er seinen berühmten »Barcelona-Pavillon« entwirft; im Jahr darauf entsteht ein weiteres Hauptwerk von Mies, das Haus Tugendhat in Brünn. 1931 führt er die Abteilung »Die Wohnung unserer Zeit«, Beitrag des Werkbundes auf der Deutschen Bauausstellung in Berlin.

1930–1933 Mies leitet als Direktor das Bauhaus in Dessau und Berlin. Nachdem seinem Vorgänger, dem Schweizer Architekten Hannes Meyer, wegen dessen politischer Sympathie und Unterstützung kommunistischer Kräfte gekündigt worden war, erhält Mies durch Vermittlung von Gropius den Chefposten der modernen Reformschule der Architektur und Künste. Trotz Relegierung ausländischer Studenten und einer Entpolitisierung des Lehrbetriebs kann er 1932 die Schließung des staatlichen Instituts per Beschluss des Dessauer Senats nicht verhindern. Mies versucht noch im gleichen Jahr mit einigen Lehrern und Schülern einen Neustart als Privatinstitution in einem alten Fabrikgebäude in Berlin-Steglitz. Im April 1933 kommt es jedoch dort zu einer Haussuchung der Nazis; obwohl sich Mies mehrfach in Verhandlungen um eine Erlaubnis zur Weiterführung der Lehrstätte bemüht, sieht er sich gezwungen, im Juli 1933 deren formelle Selbstauflösung zu verfügen.

1933–1938 Die Nationalsozialisten hatten Mies bald klargemacht, dass er nicht ihr Favorit für große Bauaufträge war. Von August 1937 bis März 1938 weilt Mies zu Besuch in den USA, wo führende Architekten um ihn werben. So fällt sein Entschluss, dort zu bleiben. Während einer kurzen Rückkehr nach Berlin, klärt er seine Übersiedlung; er verlässt Deutschland im August 1938 über seine Heimatstadt Aachen mit dem geborgten Pass seines Bruders und wandert in die USA aus. Letzte Gründe für diesen Schritt mögen die Annullierung seiner Mitgliedschaft in der Preußischen Akademie der Künste, der er seit 1931 angehörte, und die die Moderne attackierende Aktion »Entartete Kunst« gewesen sein.

1938–1958 Mies folgt seinem Ruf an das Armor Institute in Chicago (seit 1940 Illinois Institute of Technologie), wird Direktor der Architektur-Abteilung. Er übt dieses Amt bis 1958 aus.

Noch während des Zweiten Weltkriegs erhält er 1944 die amerikanische Staatsbürgerschaft.

Von 1938 bis 1969 betreibt er ein eigenes Architekturbüro in Chicago. 1939 beginnt Mies mit dem Masterplan für das IIT, 1943 wird als erster Bau auf dem Campus das Gebäude für Mineral- und Metallforschung vollendet, 1946 folgen Alumni Memorial Hall sowie das Gebäude für die Technologische Forschung, bevor ein Jahr später Perlstein Hall (Metallurgie und chemische Technik) und Wishnick Hall (für Chemie) entstehen. Er beschließt in Amerika die Reihe seiner Landhausentwürfe und erhält mit universitären und städtischen Aufträgen für zahlreiche Hochhausprojekte in Chicago, Toronto und Montreal neue anspruchsvolle Aufgaben. 1962–1968 realisiert er einen Auftrag des Berliner Senats zum Bau der Neuen Nationalgalerie. Noch einmal setzt er sich dabei mit dem Werk Schinkels, insbesondere dessen Altem Museum, auseinander.

1969 Am 17. August stirbt Mies van der Rohe in Chicago. Ein Jahr zuvor hatte er dem Museum of Modern Art, das ihm 1947 eine große Einzelausstellung ausgerichtet hatte, sein Archiv mit über 20 000 Zeichnungen übergeben.

Werkverzeichnis

Mies in Berlin

Berliner Einfamilienhäuser

1907	Haus Riehl, Berlin-Neubabelsberg
1910/11	Haus Perls, Berlin-Zehlendorf
1912/13	Haus Werner, Berlin-Zehlendorf
1914–17	Haus Urbig, Berlin-Neubabelsberg
1921/22	Haus Kempner, Berlin-Charlottenburg (abgerissen)
1921/22	Haus Feldmann, Berlin-Grünewald
1922	Haus Eichstaedt, Berlin-Wannsee
1924–26	Haus Mosler, Berlin-Neubabelsberg
1932/33	Haus Lemke, Berlin-Höhenschönhausen

Villen und Landhäuser

Realisationen

1925–27	Haus Wolf, Guben (abgerissen)
1927–30	Haus Esters, Krefeld
1927–30	Haus Lange, Krefeld
1928–30	Haus Tugendhat, Brno

Projekte

1912	Haus Kröller-Müller, Wassenaar, Holland
1914	Haus für den Architekten, Werder
1919	Haus K.
1921	Haus Petermann, Berlin-Neubabelsberg
1923	Haus Lessing, Berlin-Neubabelsberg
1923	Landhaus in Eisenbeton
1923/24	Landhaus in Backstein
1924	Haus Eliat, Nedlitz (bei Potsdam)
1929	Haus Nolde, Berlin-Zehlendorf
1932	Haus Gericke, Berlin-Wannsee
1935	Haus Hubbe, Magdeburg
1935	Haus Ulrich Lange, Krefeld
1934–38	Hofhausprojekte

Austellungspavillons und Musterhäuser

1928/29	Deutscher Pavillon, Internationale Ausstellung in Barcelona (abgerissen und wiederaufgebaut)

1931	Musterhaus u. Wohnung, Deutsche Bauausstellung, Berlin, 1931
1934	Deutscher Pavillon, Weltmesse, Bruxelles

Siedlungen und Wohnviertel

1925–27	Wohnviertel Weissenhof, Stuttgart
1926/27	Wohnanlage an der Afrikanischen Strasse, Berlin

Urbane Projekte

1921	Hochhaus Friedrichstrasse, I. Wettbewerb, Berlin
1922	Hochhaus in Glas
1922/23	Bürohaus in Eisenbeton
1928	Geschäftshaus Adam, Berlin
1928	Bank, Stuttgart
1928	Neuordung Alexanderplatz, Berlin
1928/29	Hochhaus Friedrichstrasse, II. Wettbewerb, Berlin
1934	Reichsbank, Berlin

Krefelder Projekte

1930	Golfklub
1931–35	Industriebauten Vereinigte Seidenwebereien A. G., Verseidedag
1937	Projekt Bürobau, Vereinigte Seidenwebereien A. G., Verseidedag

Monumente und Denkmäler

1910	Bismarck-Denkmal, Beingerbrück-Bingen
1926	Denkmal für Karl Liebknecht und Rosa Luxemburg, Friedhof, Berlin-Friedrichsfelde (abgerissen)
1930	Gedenkstätte für die Gefallenen des Ersten Weltkriegs, Umgestaltung des Innenraums von K.F. Schinkels *Neuer Wache* in Berlin, Wettbewerbsprojekt

Mies in Amerika

IIT-Campus und -Bauten

1939–41	Campus- Gesamtplan
1942/43	Minerals and Metal Research Building
1944	Bibliothek und Verwaltungsgebäude
1945/46	Alumni Memorial Hall
1949–52	Chapel of Saint Saviour

Der universale Raum

1942/43	Konzerthalle
1942	Museum für eine kleine Stadt
1945	Cantor Drive In
1953/54	Convention Hall
1952/53	Nationaltheater Mannheim
1950–56	Crown Hall, IIT
1965–74	Cullinan Hall, Brown Wing, MFA Houston

Der städtische Block

Wohnblocks

1946–49	Promontory Apartments
1948–51	860-880 Lake Shore Drive Apartments
1955/56	Lafayette Park, Gesamtplan
1953–58	Commonwealth Promenade Apartments
1960–63	Lafayette Towers Apartment Building

Büro Superblocks

1954–58	Seagram Building
1959–64	Federal Center Chicago
1963–69	Dominion Center, Toronto
1964–68	Westmount Square, Montreal
1966–69	IBM Regional Office Building
1967	Mansion House Square and Office Tower

Der stützenfreie Pavillon

1937/38	Resor House
1946–51	Farnsworth House
1950/51	50x50 House
1957/58	Bürogebäude für Bacardi in Santiago, Kuba
1960	Georg-Schäfer-Museum, Schweinfurt
1962–67	Neue Nationalgalerie, Berlin

Zu den Autoren

Prof. Dr. Michele Caja,

geboren 1968 in Mailand. Studium der Architektur am Politecnico di Milano (1992 Diplom) und an der TU in Dortmund, dort Zusammenarbeit mit Josef Paul Kleihues; 2005 Dissertation am Instituto Universitario di Architettura di Venezia (IUAV) über Berliner Architekturwettbewerbe der 20er Jahre; seit 2006 Contract Professor am Politecnico di Milano; Arbeit in Architekturbüros zwischen Mailand, Wien und Berlin; 1994–1996 Mitwirkung bei internationalen Wettbewerbsbeteiligungen von Giorgio Grassi, dessen Assistent an der ETH – Zürich und in Mailand.

Artur Gärtner,

geboren 1979 in Radolfzell/Bodensee. Architekturstudium an der Technischen Universität Berlin, seit 2003 Mitarbeiter an der TU Berlin am Fachgebiet Architekturtheorie bei Prof. Dr. Fritz Neumeyer; seit 2005 eigenes Büro g-art berlin mit Projekten im In- und Ausland.

Prof. Dr. Paul Kahlfeldt,

geboren 1956 in Berlin. Lehre als Bau- und Möbeltischler, danach Studium der Architektur an der TU Berlin (Diplom 1984 bei Otto Steidle); seit 1987 gemeinsames Architekturbüro mit Petra Kahlfeldt; 1988–1992 Leiter des Berliner Büros von Professor Josef Paul Kleihues; 1999–2001 Koordinator für die bauliche Wiederherstellung des Festspielhauses Hellerau, Dresden; 1999–2005 Professor für Entwerfen, Baukonstruktion und Gebäudetechnologie an der TU Kaiserslautern; 2004 Promotion an der TU Delft, seit 2005 Professor für Grundlagen und Theorie der Baukonstruktion an der TU Dortmund. Vorstandsmitglied Deutscher Werkbund Berlin und Internationale Bauakademie Berlin.

Prof. Dr. Fritz Neumeyer,

geboren 1946. 1989–1992 Professor für Baugeschichte an der Universität Dortmund, 1992 John Labatoot Professor for Architecture and Urbanism, Princeton University; seit 1993 Inhaber des Lehrstuhls für Architekturtheorie an der TU Berlin; Gastprofessuren: Southern California Institute of Architecture, Santa Monica, California, Graduate School of Design, Harvard University, Cambridge Mass., Architekturfakultät der Universität Leuven, Belgien, Institut d´Humanitats de Barcelona, Spanien; seit 1984 Mitglied der Architektenkammer Berlin; 1995–1999 Mitglied des Beirats für Stadtgestaltung beim Senat von Berlin.

Bildnachweis

Bauhaus Archiv, Berlin: 13, 14, 15, 16, 17: Foto Hedrich Blessing, **Leihgeber**
© Chicago Historical Society; 27 [3], 44 [3], 34 [1];

Canadien Centre for Architecture Photographic, Services,
François Bastien, Michel Boulet: 69 [1];

Stiftung George Danforth: 68;

John Donat: 82;

David l. Hirsch S. 90 [1];

IIT, Chicago: 60;

Paul Kahlfeldt: 12;

Balthazar Korab Ltd.: 90 [2];

Landesarchiv, Berlin: 31 [2];

Dirk Lohan: 91, 92;

Mies v. d. Rohe Archive (MvdRA), MoMA, N.Y.: 32 [1], 42, 63 [2], 71 [2], 76, 79;
MoMA, N.Y., Foto: Hedrich Blessing: 23 [1], S. 44 [2], 61, 62, 63 [1], 63 [3], 65, 69 [2], 71 [1] [mit Bill Engdahl], 75 [mit Hube Henry], 73, 74, 84 Bill Hedrich, Hedrich-Blessing Photographers, 87, 66; MoMA, N. Y., Imaging Studio Staff: 32 [2], 34 [2], 36, 40, 48; MoMA, N.Y., Foto: A. Köster, 39 [1], 39 [2]; MoMA, N.Y., Foto: Berliner Bild Bericht: 38, 41, 39 [3];

William Letfich, photographer: 85 [1];

Fritz Neumeyer: 101, 102, 102, 105;

Irving Penn: 81;

Private Sammlung Franz Schulze: 83, 85 [2];

Jehuda E. Safran: 42;

Edgar Tafel, photographer: 57;

Publikationen Blätter für Architektur und Kunsthandwerk: 25;

Festschrift der Firma Hermann Schäler, Berlin, 1930: 31 [1];

H. de Fries, *Moderne Villen und Landhäuser,* Berlin, 1924: 28 [1];

F. Hoeber, *Peter Behrens,* München, 1913: 22 [1];

W. Hoepfner, F. Neumeyer, *Das Haus Wiegand von Peter Behrens in Berlin-Dahlem,* Mainz, 1979: 27;

Innendekoration, Nr. 24, 1913: 27 [2];

Das Kunstblatt, Feb. 1927: 26;

Das Kunstblatt, XIV, 1930: 44 [1];

Das Kunstblatt, Sept. 1930: 46;

Karl von Lorch, *Karl Friedrich Schinkel:* 23 [2];

Moderne Bauformen, IX, 1910: 21 [1];

J. Popp, *Bruno Paul,* München, 1916: 22 [2];

H. u. B. Rasch, *Wie Bauen?,* 1927: 29;

Franz Schulze, Mies van der Rohe, Chicago-London, 1985: 21 [2];

Wasmuths Monatshefte für Baukunst, XI, 1927: 28 [2].

Ausgewählte Publikationen der Ernst Freiberger-Stiftung

Anlässlich der Ehrung von Persönlichkeiten durch Denkmäler auf der »Straße der Erinnerung« in Berlin-Tiergarten veröffentlicht die Ernst Freiberger-Stiftung Begleitbände, die von renommierten Autoren verfasst sind und den jeweils aktuellen Stand der Forschung über die Geehrten wiedergeben. Diese Publikationen werden vorwiegend Universitäten, Schulen und Bibliotheken zur Verfügung gestellt, um jungen Menschen die vertiefte Beschäftigung mit den »Helden ohne Degen« zu ermöglichen.

Die bisher erschienenen Bände sind im Buchhandel oder über www.bebra-wissenschaft.de erhältlich.

Albrecht Haushofer

Ernst Haiger, Annelie Ihering und Carl Friedrich von Weizsäcker (†) zeichnen in diesem Buch ein Porträt eines hoch gebildeten und empfindsamen Menschen, der spät zum Widerstand gegen das NS-Unrechtsregime fand. In Folge des missglückten Attentats vom 20. Juli 1944 wurde er verhaftet und schrieb im Zellengefängnis von Berlin-Moabit die berühmten »Moabiter Sonette«. Wenige Tage vor Kriegsende wurde er von Hitlers Schergen hinterrücks erschossen, doch die Sonette, die Ausdruck der moralischen Überlegenheit gegenüber blanker Willkür sind, haben ihn unsterblich gemacht.

Ernst Haiger
Amelie Ihering
Carl Friedrich von Weizsäcker

Albrecht Haushofer

ISBN 978-937233-44-4
32 €

Konrad Zuse

Bei der Frage nach dem Erfinder des Computers werden viele Menschen nicht auf Anhieb auf den Namen Konrad Zuse kommen. Dabei war er es, der 1934 die erste programmierbare Rechenmaschine entwickelte. Wilhelm Mons, Horst Zuse und Roland Vollmar haben sich mit diesem genialen Geist befasst, der mit seiner Erfindung die Welt revolutionierte, ohne dies je beabsichtigt zu haben. Mit seiner Rechenmaschine wollte er, gerade einmal 25 Jahre alt, die Menschen lediglich von einfacher, stupider Rechenarbeit befreien und hat doch ein neues Zeitalter eingeläutet.

Wilhelm Mons
Horst Zuse
Roland Vollmar

Konrad Zuse

ISBN 978-937233-45-1
32 €

Walther Rathenau

Diese von Wolfgang Michalka und Christiane Scheidemann verfasste Publikation porträtiert den deutschen Außenminister, der es dem deutschen Kaiser auf der einen Seite zwar ermöglichte, den Ersten Weltkrieg in die Länge zu ziehen, andererseits jedoch nach dem für Deutschland verlorenen Krieg alles daran setzte, die verfeindeten europäischen Mächte miteinander zu versöhnen. Die vielfältigen Facetten dieses in Berlin durch ein Attentat Ermordeten lassen das Bild eines Politikers entstehen, der, obwohl aus einer wohlhabenden der Industriellenfamilie stammend, sich dennoch für gesellschaftliche Neuerungen zugunsten sozial benachteiligter Schichten einsetzte und die bis dahin geltende Wirtschaftsordnung in Frage stellte.

Wolfgang Michalka
Christiane Scheidemann

Walther Rathenau

ISBN 978-937233-46-8
32 €

Thomas Mann

Dieser Band nähert sich aus verschiedenen Perspektiven dem Menschen und Schriftsteller Thomas Mann. Antje Korsmeier schildert das Leben Thomas Manns, während sich Alexander Kissler sich dem »verzweifelten« Verhältnis des Nobelpreisträgers zu Deutschland und den Deutschen widmet. Volker Koop und Helmut Engel werfen dann einen Blick auf die Ausbürgerung und Enteignung Thomas Manns durch die Nazis. In einem ausführlichen Anhang dokumentiert der Band die herausragenden Essays, Reden und Radioansprachen des Dichters. Entstanden ist eine gut lesbare Einführung, die mit ihrer bibliophilen Ausstattung und den zahlreichen Bildern die Sammlung jedes Literaturfreunds bereichern dürfte.

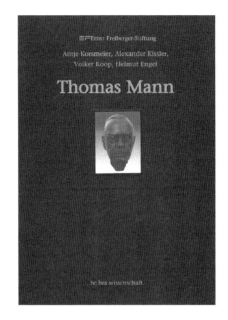

Antje Korsmeier
Alexander Kissler
Volker Koop
Helmut Engel

Thomas Mann
Das Deutsche und die Deutschen

ISBN 978-3-937233-39-0
32 €

Bibliografische Information der Deutschen Nationalbibliothek

Die Deutsche Nationalbibliothek verzeichnet diese Publikation in der Deutschen Nationalbibliografie; detaillierte bibliografische Daten sind im Internet über http://dnb.d-nb.de abrufbar.

Alle Rechte vorbehalten.
Dieses Werk, einschließlich aller seiner Teile, ist urheberrechtlich geschützt. Jede Verwertung außerhalb der engen Grenzen des Urheberrechtsgesetzes ist ohne Zustimmung des Verlages unzulässig und strafbar. Das gilt insbesondere für Vervielfältigungen, Übersetzungen, Mikroverfilmungen, Verfilmungen und die Einspeicherung und Verarbeitung auf DVDs, CD-ROMs, CDs, Videos, in weiteren elektronischen Systemen sowie für Internet-Plattformen.

© be.bra wissenschaft verlag GmbH
Berlin-Brandenburg, 2007
KulturBrauerei Haus S
Schönhauser Allee 37, 10435 Berlin
post@bebraverlag.de
Redaktion: Helmut Engel
Lektorat: Astrid Volpert, Berlin
Die auf dem Umschlag abgebildete Büste wurde geschaffen von Rolf Biebl, Berlin
Umschlag, Satz und Gestaltung: typegerecht, Berlin
Schrift: StoneSerif
Druck und Bindung: Elbe-Druck, Wittenberg

ISBN 978-3-937233-40-6

www.bebra-wissenschaft.de